U0085578

草廬中的智謀家

諸葛亮

陳景聰　著

三民書局

獻給孩子們的禮物

主編的話

世界上最幸福的孩子，是他們一出生就有機會接近故事書，想想看，那些書中的人物，不論古今中外都來到了眼前，與他們相識，不僅分享了各個人物生活中的點滴，孩子們的想像力也隨著書中的故事情節飛翔。

不論世界如何演變，科技如何發達，孩子一世幸福的起源，仍然來自於父母的影響，如果每一個孩子都能從小在父母親的懷抱中，傾聽故事，共享閱讀之樂，長大後養成了閱讀習慣，這將是一生中享用不盡的財富。

三民書局的劉振強董事長，想必也是一位深信讀書是人生最大財富的人，在讀書人口往下滑落的多元化時代，他仍然堅信讀書的重要，近年來，更不計成本，連續出版了特別為孩子們策劃的兒童文學叢書，從「文學家」、「藝術家」、「音樂家」、「影響世界的人」系列到「童話小天地」、「第一次」系列，至今已出版了近百本，這僅是由筆者主編出版的部分叢書而已，若包括其他兒童詩集及套書，三民書局已出版不下千百種的兒童讀物。

劉董事長也時常感念著，在他困苦貧窮的青少年時期，是書使他堅強向上，在社會普遍困苦，而生活簡陋的年代，也是書成了他最好的良伴，他希望在他的有生之年，分享這份資產，讓下一代可以充分使用，讓親子共讀的親情，源遠流長。

「世紀人物100」系列早就在他的關切中構思著，希望能出版

孩子們喜歡而且一生難忘的好書。近年來筆者放下一切寫作，接下這份主編重任，並結合海內外有心兒童文學的作者共同為下一代效力，正是感動於劉董事長致力文化大業的真誠之心，更欣喜許多志同道合的朋友，能與我一起為孩子們寫書。

「世紀人物 100」系列規劃出版一百位人物故事，中外各占五十人，包括了在歷史上有關文學、藝術、人文、政治與科學等各行各業有貢獻的人物故事，邀請國內外兒童文學領域專業的學者、作家同心協力編寫，費時多年，分梯次出版。在越來越多元化的世界中，每個人都有各自的才華與潛力，每個朝代也都有其可歌可泣的故事，但是在故事背後所具有的一個共同點，就是每個傳主在困苦中不屈不撓，令人難忘的經歷，這些經歷經由各作者用心博覽有關資料，再三推敲求證，再以文學之筆，寫出了有趣而感人的故事。

西諺有云：「世界因有各式各樣不同的人群，才更加多采多姿。」這套書就是以「人」的故事為主旨，不刻意美化傳主，以每一位傳主的生活經歷為主軸，深入描寫他們成長的環境、家庭教育與童年生活，深入探索是什麼因素造成了他們與眾不同？是什麼力量驅動了他們鍥而不捨的毅力？以日常生活中的小故事，來描繪出這些人物，為什麼能使夢想成真。為了引起小讀者的興趣，特別著重在各傳主的童年生活描述，希望能引起共鳴。尤其在閱讀這些作品時，能於心領神會中得到靈感。

和一般從外文翻譯出來的偉人傳記所不同的是，此套書的特色是，由熟悉兒童文學又關心教育的作者用心收集資料，用有趣的故

事，融入知識，並以文學之筆，深入淺出寫出適合小朋友與大朋友閱讀的人物傳記。在探討每位人物的內在心理因素之餘，也希望讀者從閱讀中，能激勵出個人內在的潛力和夢想。我相信每個孩子在年少時都會發呆做夢，在他們發呆和做夢的同時，書是他們最私密的好友，在閱讀中，沒有批判和譏諷，卻可隨書中的主人翁，海闊天空一起遨遊，或狂想或計畫，而成為心靈知交，不僅留下年少時，從閱讀中得到的神交良伴（一個回憶），如果能兩代共讀，讀後一起討論，綿綿相傳，留下共同回憶，何嘗不是一幅幸福的親子圖？

2006 年，我們升格成為祖字輩，有一位朋友提了滿滿兩袋的童書相送，一袋給新科父母，一袋給我們。老友是美國國家科學院院士，曾擔任過全美閱讀評估諮議委員，也是一位慈愛的好爺爺，深信閱讀對人生的重要。他很感性的說：「不要以為娃娃聽不懂故事，我的孫兒們一出生就聽我們唸故事書，長大後不僅愛讀書而且想像力豐富，尤其是文字表達能力特別強。」我完全同意，並欣然接受那兩袋最珍貴的禮物。

因為我們同樣都是愛讀書、也深得讀書之樂的人。

謹以此套「世紀人物 100」叢書送給所有愛讀書的孩子和家庭，以及我們的孫兒——石開文，他們都是世界上最幸福的孩子，因為從小有書為伴，與愛同行。

史學家曾經說過：「人類的歷史，就是一部『戰爭史』。」這話說得也許太過火，卻揭示了人類為了一己之私，彼此爭權奪利，不擇手段的殘酷事實。

在中國歷史上，每一個朝代的興起，莫不伴隨著一段可歌可泣的戰爭故事，也造就了不少開國英雄。那些幫主子打天下、設計謀的名將、名相，各自有他們的傑出表現，若要選出其中頗受人景仰的佼佼者，大多數的人都會想到諸葛亮這一位忠心耿耿、神機妙算的智謀家。

明朝羅貫中根據《三國志》和民間流傳的話本，寫成《三國演義》這一部經典的歷史小說，書中刻意將諸葛亮的智謀和忠心描寫得出神入化，千古無二，使得諸葛亮成為智慧的化身，忠臣的代表，生動深刻的形象深深打動人心。或許，這是諸葛亮廣受欽敬的原因。

雖然《三國演義》把諸葛亮誇大渲染得很厲害，使故事當中的諸葛亮遠比三國歷史中真實的諸葛亮更加神通廣大，成為家喻戶曉的歷史名人，但並不違背諸葛亮一生當中的真實性格和事蹟。

諸葛亮生前曾留下兩篇〈出師表〉，字字血淚，句句忠貞，撼動了古今無數讀者的心。所以後世公認：「讀〈出師表〉而不感動流淚的人，為人必定不忠心。」在羅貫中之前，唐朝最具悲天憫人情懷的「詩聖」杜甫就曾在〈詠懷古跡〉的詩中歌頌諸葛亮，說他為蜀漢開創的功業，與商朝的開國功臣伊尹、周朝的開國功臣呂尚（姜太公）不相上下，而他臨危不亂的鎮定、運籌指揮的才能，勝過漢朝的開國功臣蕭何和曹參。在〈蜀相〉的詩中，杜甫更對諸葛亮鞠躬盡瘁，卻到死也沒能消滅逆賊，興復漢室的歷史，表達了深深的同情與惋惜。

羅貫中比杜甫約晚六百年出生，我們讀他的《三國演義》讀到諸葛亮勞碌過度，病逝五丈原時，內心的激動感受，與杜甫幾乎是相同的。

諸葛亮的確是一位值得後世推崇與效法的軍事家兼政治家。

諸葛亮的一生，幾乎都是處在逆境之中。他生於亂世，父母早逝，少年時代就失去依靠，卻能刻苦自勵，一邊耕田一邊求學，還能時時關心國家情勢，懷抱遠大的抱負。他受劉備拯救天下的誠心感動，出面輔佐劉備時，劉備正寄人籬下，無立錐之地，處境十分艱困。當時曹操已經統一北

方，領有百萬雄兵，諸葛亮卻寧願將自己的雄才大略奉獻給以仁義著稱的劉備，運用謀略聯合東吳，打擊曹操併吞天下的野心。光是這種以天下興亡為己任的勇氣，就夠叫人敬佩了，遑論他的神機妙算和耿耿忠心。

諸葛亮憑他超凡的機智和謀略來輔佐劉備，使得劉備在危機四伏的困境當中，常常能逢凶化吉，一而再，再而三的開創充滿希望的新局面。他善於洞燭機先，掌握世局發展的趨勢，明知劉備若不率先奪取荊州，荊州必定會被曹操奪取，卻寧願成全主子講究仁義的名望，幾經困頓和危機，最後還是化險為夷，險中求勝，在符合仁義的原則之下，協助劉備占領荊州做為興復漢室的根據地。隨後又一再的運用謀略，化解東吳對劉備的壓迫，並且掌握時機，幫助劉備占領西川與漢中，實現三分天下的大計，讓漢朝皇室的命脈得以延續下來。如此深謀遠慮，運籌帷幄，怎能叫人不打心坎裡讚嘆呢！

諸葛亮生在天下分崩離析，群雄並起的時代。當時有能力掌握兵權的人，莫不想割據一方，進一步爭奪天下大位。尤有甚者，像董卓、曹操等人，非但不盡忠扶主，還挾天子發號施令，陰謀篡奪大位；而袁紹、袁術、劉表、劉璋、孫權等人，雖然沒有吞併天下的野心和雄才，也想占地為王。反觀勞苦功高的諸葛亮，在幫助劉備三分天下之後，接受劉備託孤，雖然後主劉禪昏庸無能（被後人譏笑為「扶不起的阿斗」），他還是矢志報答先主的知遇之恩，任勞

任怨，竭盡忠心為後主設想，絕不起貳心。如此披肝瀝膽的忠臣，實在是翻遍歷史也難找啊！

諸葛亮縱使深謀遠慮，用兵如神，但是在討伐魏國的過程中，卻遭遇到能力不亞於他的對手司馬懿，屢次交戰，到頭來都功敗垂成，終於無法為蜀漢實現興復漢室的使命。而司馬懿雖然懷有雄才大略，卻不是忠心的臣子，他藉著對抗諸葛亮的機會，和他的兒子一步步掌握住魏國的軍政大權。最後三國一統，天下也落入了他的孫子司馬炎的手中。

雖然諸葛亮出師未捷身先死，但他赤忱的忠心、超凡的智謀和英雄的事蹟，一直在書本和戲劇中流傳，讓世人歌頌。我們閱讀諸葛亮的豐功偉蹟，除了增進對三國歷史的了解，相信還能砥礪我們的志氣，讓我們爬得更高、走得更遠。

寫書的人

陳景聰

1966 年生於南投，臺東大學兒童文學研究所畢業，現任臺中大里國小教師，國小國語教科書撰寫委員。當他還是小不點的時候，就喜歡聽大人說故事，隨著年紀越來越大，對故事的興趣也越來越濃厚。如今他是大人了，最喜歡的仍舊是故事。因為覺得有故事的童年好幸福，所以一直努力說故事給小朋友聽，寫故事給小朋友看。他希望自己能夠寫故事寫到好老好老，寫得好多好多。

他寫的故事曾獲得多項兒童文學獎。著作有《神奇的噴火龍》、《神仙也瘋狂》、《春風少年八家將》等十餘本。

草廬中的智謀家

諸葛亮

目次

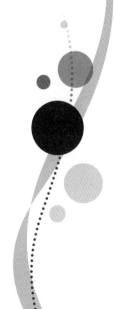

世紀人物 100

諸葛亮

181～234

1 黑暗時代的曙光

　　後漢靈帝時期，由於國政被宦官（太監）把持，拿官位來做買賣，導致國家綱紀大亂。光和四年(181年)六月，天降下雞蛋大的冰雹，同年九月出現日蝕。接連發生的天象異變，使得原本就動盪不安的社會更加人心惶惶。

　　日蝕之後一個月，諸葛亮誕生於琅琊陽都。父親諸葛珪和母親章氏為他取名「亮」，字「孔明」，是希望他長大之後，能具備經天緯地的才能，為這黑暗時代開創光明。可惜他們都來不及見到這個孩子長大成人。

　　諸葛孔明和漢朝的末代皇帝漢獻帝同一年出生。在他四歲時，黃巾賊開始興兵作亂。九歲時，母親生下弟弟諸葛均之後便過世了，後來父親又娶了繼母。

十二歲時，擔任泰山郡丞＊的父親也過世了。叔父諸葛玄是他們家族中唯一的長輩，卻遠在荊州劉表的手下任職，來不及回來照應他們。這段期間，家中事務都依賴大他八歲的長兄諸葛瑾處理。

這時世局正亂，外戚何進密謀誅殺宦官，董卓趁機舉兵到國都洛陽，廢掉少帝，改立獻帝，還把皇帝由國都挾持到長安當傀儡，攬權霸道。於是討伐黃巾賊的將領們紛紛擁兵自重，並將矛頭指向董卓，使得北方長期陷入征戰，百姓人人自危，紛紛逃往南方避難。

孔明十四歲時，膝下沒有子女的叔父諸葛玄領養了他們。隔年，諸葛玄受劉表任命為豫章太

＊**郡丞** 官位名稱。當時全國分成多個州，州之下設郡，郡之下設縣。

守，帶著孔明與他的姐姐諸葛鈴、弟弟諸葛均赴豫章就任。長兄諸葛瑾有責任奉養繼母，就同繼母移居到江東的娘家。

諸葛玄擔任豫章太守沒多久，豫章城就被其他軍閥攻占了。諸葛玄只好帶著孔明姐弟三人逃命，在顛沛苦難中度過了一年，好不容易才回到荊州襄陽。

孔明姐弟三人才剛在襄陽安頓下來，叔父便生了一場大病，從此臥病在床。由於諸葛玄是襄陽的名人，經常會有襄陽的名士上門來探病。諸葛玄早就發覺姪兒孔明頭腦冷靜，觀察敏銳，判斷準確，智慧更是高人一等，絕對是可造之才。他有心讓孔明增長見識，就讓孔明在床邊服侍他，從中聽取訪客們談論天下大勢，分析世局的變化。

由於當時的襄陽是中國南方最安定富庶的大城市，許多名士

為了躲避戰禍，都遷居到襄陽城來。孔明因此有機會接觸到不少上通天文，下知地理，熟悉經世治亂，辯才無礙的學問家和大人物。

孔明在不知不覺中受到叔父刻意的栽培，學識增進了，眼界也開闊了。

這時候天下的情勢接連發生重大的轉變。呂布殺死董卓，國政大權隨即被董卓手下的幾名軍閥瓜分掌握，而呂布也被放逐。獻帝趁亂逃離長安，曹操趁機迎接獻帝到許昌。

這一天，訪客談論過天下發生的大事，剛離開，諸葛玄就問一旁靜默的孔明：「阿亮，當今皇上與你同年，你何不說說皇上會有什麼新的境遇？」

孔明方才一聽到客人說出曹操的名字，猛然回想起當年叔父帶著他們姐弟三人前往豫章，路

過徐州所見到的滿城荒蕪、枯骨堆積如山的慘狀，胸中不由得冒出一股血腥氣味。當時聽說曹操在幾個月前，為了報復徐州的兵士謀害了他的父親，軍隊所到之處，連百姓都不留一個活口，復仇的軍隊見人就殺，殺得血流成河，受害百姓的屍體堆積在泗水河中，連河水都被阻斷了。

為了一己私仇，把殘殺百姓當成痛快的事，這樣的野心者怎可能善待皇上呢？孔明心想，脫口就說：「皇上真不幸！才逃離狼爪，又落入虎口。」

叔父欣慰的眼神中流露出贊同的意味。

果然，曹操可怕的野心不久就顯露無遺。他挾持獻帝當成手中的王牌，豎起勤王軍＊的旗幟

＊勤王軍　皇帝遭到叛軍危害時，自願為皇帝效命，聯合起來消滅叛軍的軍隊。

討伐在壽春自立為皇帝的袁術，使自己的聲勢越來越壯大，手下兵多將廣，儼然成為一方霸主，根本不把皇室放在眼裡，對獻帝的欺凌更甚於董卓。

「阿亮啊！你為了照顧叔叔，連出去見見世面的機會都沒有。是叔叔連累你了！」諸葛玄虛弱無力的對守在病榻旁邊的孔明說。

「不！我就是因為在您身邊服侍，才有機會受到張仲景醫師、司馬德操先生和龐德公這幾位大學問家的教誨。」孔明握著叔叔乾癟的手說:「就算讀萬卷書、行萬里路，也比不上我這一年來所獲得的學識。」

「好！好！他們幾位可都是名滿天下，非常了不起的學問家，只是處在亂世，雖然懷著經天緯地之才，也不願意出來當官。」諸葛玄意味深長的看孔明一

眼，轉移話題說：「阿鈴嫁給龐德公的孩子龐山民，肯定會幸福的。我比較擔憂的是你和阿均將來怎麼過日子？處在亂世，當官不見得是一件好事呀！」

「叔叔您安心的養病吧！等您康復之後，我想進司馬先生的學塾求學。我才十七歲，阿均才九歲，您就別為我們將來當不當官操心了。」

孔明盡心照料叔叔，可惜諸葛玄的病情並沒有好轉，不久就去世了。

孔明辦妥叔叔的喪事之後，就帶著弟弟移居到襄陽城西方的南陽隆中村。當他把一切都安頓好了，就照原訂的計畫，進司馬徽的學塾去求學，開始過著晴耕雨讀的生活。

司馬徽字德操，號水鏡先生，是襄陽最清高的大學問家，那些慕名而來的學生也都是襄陽

的才俊。荊州的統治者劉表曾經聘請司馬徽出來當官，但他都以自己想當老師教育英才為理由婉拒了。當時的人求學多半是為了求取官位，所以他經常勸學生：活在群雄割據的亂世，要慎重選擇以天下蒼生為己任的英明領袖，萬萬不可被官位利祿引誘，以免選錯了主子，斷送了自己的大好前程。

孔明很肯定老師的話是要說給他聽的，因為他認為叔叔也是政治奇才，可惜投靠了表面上禮賢下士，骨子裡卻貪圖安逸、胸無大志的劉表，才會陷入孤立無援的境地，憂憤成疾，導致英年早逝。

同學當中，二十歲的孔明算是最年輕的。那些年長的同學多半急於求取功名，想在最短的時間內找到心儀的主子。

當時戰火還沒延燒到荊州，

所以逃避戰禍的商人和兵士都從四面八方匯聚到襄陽來，從他們口中，很容易就能探聽到天下局勢最新的發展。因此想了解天下局勢的同學，經常聚集在襄陽城的酒樓茶館，一方面依局勢的演變來品評天下群雄，一方面談論將來的抱負。

「聽說曹操和袁紹正在官渡決戰，勝利者將統一北方。」

「袁紹好謀而不果敢，是一隻紙老虎，勝利者一定是奸雄曹操。」石韜說。

「曹操陣營裡的謀士和猛將，比袁紹陣營強太多了！驍勇善戰的呂布被他逼死，雄霸江北的袁術被他擊垮，接下來就要輪到袁紹了。」孟建附和說:「曹操應該是最有能力爭奪天下的人。投效他，前途無可限量。」

「不！曹操陰狠又忌才，幫他打天下恐怕沒有好下場。」徐庶

反駁。

　　「是呀！況且他手下謀士如雲，投效他不見得會受重用。」崔州平也提出反面意見。

　　「唉呀！要是天下能早日統一太平，別說是州刺史＊、郡太守＊，能當個縣令就對得起列祖列宗了。」有同學接口壓制雙方的爭辯。

　　「孔明你怎麼不說話？說說你的志願吧！」徐庶怕孔明又被冷落了。

　　「說說看嘛！難道你想在南陽種田種一輩子？」同學起鬨說。

　　「我想開創管仲＊和樂毅＊那樣的豐功偉業。」孔明回答。

 放大鏡

＊刺史　官職名，管理地方糾察的官。
＊太守　官職名，為一郡之長。
＊管仲　管夷吾，字仲，春秋時代齊國人。輔佐齊桓公成為天下霸主。是法家之祖，後世尊稱「管子」。
＊樂毅　戰國時燕國名將。

　　「哈哈哈！這個窮書生是在開玩笑還是在說大話！」那些瞧不起孔明的同學忍不住放聲大笑。

　　「別笑了！胸懷壯志可是一椿好事呀！」徐庶幫孔明說話。

　　「沒錯！既然同窗好友有這樣的抱負，大家應該鼓勵他才是啊！」崔州平也幫腔。

　　孔明說的是真心話。雖然被人嘲笑，他卻一點也不生氣，因為他很清楚：想達成理想，自己還得努力培養實力才行。

2

初出茅廬

　　孔明得到水鏡先生作媒，娶了襄陽名士黃承彥的女兒黃綬。有了黃綬協助打理家事、田事，教育弟弟諸葛均，孔明才能夠安心求學，偶爾和同窗好友出外遊歷山川，觀察世局。

　　孔明隨著天下局勢的演變成長著。幾年下來，他博覽群書，鑽研天文地理和兵法，所學既廣且精，不僅把老師最擅長的相術和奇門遁甲術學得精熟透徹，甚至連大家都弄不懂的氣象變化，他也能說出一番道理。

　　孔明的進步令水鏡先生嘆為觀止。

　　「你果真是一條臥睡的人中之龍！今後我不敢再視你為學生。我們當朋友吧！我有許多問題還要向你求教哩！」

　　一代名師的評價，讓同學對孔明刮目相看。從此「臥龍先生」的名號不脛而走，連劉表都親自登門聘請孔明擔任官職，但是孔明記取叔父的教訓，以自己太年輕為理由婉拒了。

　　劉表打著漢朝皇族的名號坐穩荊州，卻苟且偷安，絲毫不在意皇室的存亡。孔明知道投效劉表絕對沒機會讓他施展抱負。

　　這時同學孟建已經當上曹操的幕僚，哥哥諸葛瑾接受了江東孫權的禮聘，就連好友徐庶也接受老師建議，去輔佐劉備。劉備當時正被曹操追殺，帶兵投靠劉表，受命屯駐在新野當荊州的屏障。徐庶立刻受到劉備重用，還接連幫劉備化解被曹軍消滅的危機。

　　看著至親好友開始謀求發展，孔明卻還隱居在隆中的臥龍岡，時而耕讀，時而外出與一些

隱士高人談論分析天下情勢。

曹操自從滅掉袁紹後，手中握有百萬大軍，開始覬覦荊州。他瞧不起擁有強大兵力的劉表，卻很顧忌剛投靠劉表的劉備，屢次派兵想趁劉備尚未壯大時消滅他，但都被徐庶的計謀打敗了。

劉備是漢景帝的兒子中山靖王劉勝的後代，算輩分是漢獻帝的叔叔，所以大家都尊稱他「劉皇叔」。他向來以仁義出名，手下有關羽、張飛、趙雲這三名萬夫莫敵的勇將死心塌地的效命，如今又得到徐庶當軍師，更令曹操寢食難安。

曹操聽說徐庶是孝子，就派人把徐母騙到許昌，要脅徐庶投靠他的陣營。徐庶顧及母親的安危，只好來向劉備辭行，並且表明心跡：絕對不會為曹操效力。

「為了顧全令堂，我怎能阻攔先生呢？」劉備緊握徐庶雙手，

淚如泉湧的哭著說：「上天分明是要滅亡我劉備，斷絕我漢朝的基業啊！」

「將軍別難過！有一位天下奇才，您如果能得到他的輔佐，就像文王得到呂尚＊，高祖得到張良＊，興復漢室就指日可待了。」

「真的嗎？世上還有才略比得上先生的人嗎？」劉備轉憂為喜。

「這個人複姓諸葛，名亮，字孔明，住在襄陽城西二十里的隆中臥龍岡。他經天緯地的才略獨步天下，我跟他比，簡直是烏鴉比鳳凰，實在沒得比啊！」

劉備驚喜萬分的說：「莫非是

放大鏡

＊呂尚　又名姜子牙、姜太公，是周文王、周武王的軍師，幫助周朝推翻了暴虐無道的商紂。

＊張良　漢朝的開國功臣，幫漢高祖劉邦推翻殘暴的秦朝之後，就退隱了。

襄陽人口中的『臥龍先生』？那就拜託先生去幫我請他來好嗎？」

「不行！將軍要親自去聘請他，還要用誠心去感動他才行！」

劉備萬分不捨的送走徐庶。立刻命趙雲守住新野，親自準備禮物，帶著關羽、張飛和幾個隨從，前去請孔明下山相助。一行人來到隆中，沿途打聽到「臥龍先生」居住的茅屋，孔明卻出外雲遊去了。

「既然見不著，回去算啦！」張飛不耐煩的說。

劉備惆悵萬分，執意要等下去，關羽說:「不如先回去，再派人來打聽。」

劉備回到新野後，派專人負責打聽孔明的消息，一聽說孔明已經回家，立刻整裝要登門拜會。關羽和張飛雖不樂意，卻執意要跟隨保護他們的結拜大哥。

這時正是寒冬，路上積雪難

行，張飛抱怨說：「天寒地凍，連打仗都不適合，竟然要去拜訪一個沒有用的村夫！」

劉備聽了不高興，對張飛說：「這是為了表示誠意。賢弟怕冷儘管回去，我自己去拜訪臥龍先生。」

「我死都不怕，怎會怕冷！」張飛不敢再有意見，默默跟著。

好不容易來到孔明的茅屋，被請入屋內，接待的卻是孔明的弟弟諸葛均。

「家兄昨日被崔州平邀約出去閒遊，不知去向。」

劉備悵然若失，只好借了紙筆，留下一封短信，向孔明表達仰慕的赤忱。

劉備回到新野，忙了一陣子軍務，選定了佳期，齋戒沐浴，準備第三度上臥龍岡去拜見孔明。關、張兩人不悅，想勸劉備打消聘請孔明的念頭。

「大哥別費事啦！想來這個孔明，不過是個見識淺陋的村夫，所以才羞於見大哥。這趟用不著大哥去，我用一條麻繩去將他綁來就成了！」張飛說。

「這趟你不用去，我有雲長隨行就好。」劉備聽了不高興，斥責張飛無禮。

張飛吶吶的說：「既然兩位哥哥都去，小弟如何能落後。」

劉備再三叮嚀張飛不可失禮，三人才向臥龍岡出發。

孔明早就知道徐庶將自己推薦給劉備，水鏡先生也曾建議他出來輔佐劉備，而他也知道劉備以天下蒼生為念，是群雄當中唯一有心匡復漢室，值得輔佐的領袖。只是，他不曉得劉備是否真心誠意。

孔明不貪求富貴，所以在草堂掛著「淡泊以明志，寧靜而致遠」的對聯當座右銘。但他被劉

備三顧茅廬的誠心感動了。雖然劉備兵微將寡，與兵多將廣的曹操根本無法相比，然而孔明有自信能幫助劉備度過難關，甚至將來和曹操、孫權鼎足而立。

劉備終於見到渴慕已久的臥龍先生。

身材高大的孔明臉上透著光澤，戴著綸巾＊，披著鶴氅＊，氣度飄飄然似神仙。劉備一見就不自禁的下拜行禮，說：「我愧為皇上的叔叔，決心討伐叛國賊，拯救皇上。無奈奮鬥多年，如今都快五十歲了，竟連一處根據地都沒有。先生有平定天下動亂的才能，乞求先生為天下蒼生設想，給我開導教誨。」

孔明看見劉備如此的心誠意

 放大鏡

＊綸巾　青絲編織成的頭巾，為諸葛亮所創，又名諸葛巾。
＊鶴氅　鳥類羽毛織結而成的大衣。

敬，便不再保留，攤開一捲地圖，指著說:「曹操雄踞北方，憑著眾多的猛將和謀士戰勝袁紹，如今已擁兵百萬，又挾持天子發號施令＊，因此不能光憑武力和他爭勝負。孫權占據江東一帶，已經三代。加上江東地勢險要，百姓擁戴他，還有一批人才為他效力，看來也只能和他聯合，不能打他的主意。而荊州是一個軍事要地，無能的劉表絕對守不住，這是上天要賜給您的大好機會，不該放棄！益州土地肥沃，易守難攻，從前高祖就是以此為根據地而成就了帝業。可惜益州的主人劉璋懦弱無能，不懂得把握情勢。您是皇室的後裔，天下

放大鏡

＊漢朝末年，國家被擁有軍隊的軍閥分割占領。曹操挾持了漢獻帝，經常假借皇帝的名義發布命令，讓自己的手下擔任官職，以拓展勢力；或是命令其他軍閥聯合攻打軍力比較強盛的軍閥，以便消滅對自己造成威脅的敵人。

聞名，如果能占領荊、益兩州，對外聯合孫權，對內整頓內政，一旦有機會，就可以從荊州、益州兩路進軍，攻擊曹操。到那時候，有誰不歡迎將軍呢？能夠這樣，功業就可以成就，漢室也可以恢復了。」

劉備聽完，對孔明佩服得五體投地，立刻拜請孔明擔任軍師，卻被孔明婉拒了。

「您不幫我，天下蒼生該怎麼辦才好！」劉備淚流滿面的說。

孔明再次被劉備感動了。他不禁又想起曹操從前屠殺徐州百姓的殘暴手段，一時義憤填膺，就答應了劉備的請求，隨著劉備回到新野。

劉備以師禮對待比自己年輕二十歲的孔明，兩人形影不離，整天談論天下大事，無意間和關羽、張飛疏遠了。關、張兩人覺得很不滿，對劉備抱怨說：「大

哥，孔明那麼年輕，才學肯定不夠，而且沒有建立絲毫軍功，您如此待他，恐怕引起將士不滿！」

「孔明胸藏百萬精兵，有他幫助，愚兄簡直是如魚得水。請賢弟別再疑心！」

聽到劉備回答的語氣如此堅定，關、張二人只好將滿腔不悅藏在心底。

孔明由情報得知曹操正勤練水軍，準備南征，便親自招募新兵三千人，日夜勤練陣法。

不久曹操果然派大將夏侯惇領十萬大軍，殺奔新野來了。劉備大吃一驚，連忙請教孔明如何應敵。

「我只擔心關、張二位將軍不肯聽我發號施令。」孔明說。

劉備便將劍印＊交付給孔明。孔明立刻聚集眾將聽令，命

＊劍印　軍隊中發號施令的信物。

關羽領兵一千在博望坡的安林埋伏，伺機出擊，焚燒曹軍糧草；命張飛領兵一千在安林背後山谷中埋伏出擊；命關平、劉封各領兵五百，埋伏在博望坡兩側伺機引火。

「趙雲將軍為前部，請主公領軍為後援。各須依計行事，不可失誤！」

孔明號令完畢，關羽質問孔明：「我們都出去應敵，軍師該做什麼？」

「我負責準備慶功宴。」孔明回答。

「我們都去廝殺，你卻在家裡閒坐。」張飛不服氣的嚷嚷。

孔明嚴屬的說：「劍印在此，違背軍令者斬！」

劉備接口說：「兵法強調運籌帷幄之中，決勝千里之外。兩位賢弟不可違背軍令！」

關、張二人雖然領兵出發，

可是心中依然不服。

眾將依計用兵，想不到區區數千兵士，竟然將十萬曹軍殺得落花流水，狼狽逃回許昌。

關、張二人這才見識到孔明的才能，對他敬佩不已。

「軍師真是用兵如神啊！」慶功宴上，關羽和張飛來跟孔明謝罪。

「各位將軍也是功不可沒！」孔明回禮，接著說：「曹操因為輕敵吃了敗仗，不久必定會親自領大軍來攻。」

「那該怎麼辦才好？」劉備驚恐的問。

「新野小縣無法抵擋曹操大軍。聽說劉表病危，不如趁機占領兵多糧足的荊州，就能與曹操抗衡了。」

「但是劉表對我有恩，我不能恩將仇報啊！」劉備說。

「您如果放棄這個大好機

會，將來荊州必定會被曹操占
領，到時候就後悔莫及了！」孔明
說。

「我寧死也不做這種忘恩負
義的事！」

孔明見劉備當眾說得如此堅
決，只好將計謀擱在一邊，準備
等時機成熟再勸劉備謀取荊州。

3 妙計連結東吳

正當劉備猶豫不決時，曹操已經率領五十萬大軍，浩浩蕩蕩朝荊州進發。劉表卻在此時病故了。他的長子劉琦駐守在江夏，次子劉琮繼位後，為求自保，竟然暗中向曹操投降。

劉備失去了荊州的依靠，無力對抗曹軍，在曹軍精銳騎兵的追擊之下，只好帶著新野的軍隊和百姓避走樊城，渡過漢水，退守江陵，最後屯兵在夏口，與劉琦集合一萬多名士兵，日夜操練，準備拼死抵禦曹軍。

這時孫權聽到曹操率領大軍南征，荊州被迫投降的消息，心知江東已經成為曹操下一個攻擊的目標，連忙召集謀臣和大將商議應對之策。最後孫權決定利用為劉表弔喪的理由，派魯肅先渡

江探聽軍情，再做打算。

劉備知道自己的兵力無法對抗曹操大軍，很後悔沒聽從孔明奪取荊州的建議。

「唉！當初如果聽從軍師的計策奪下荊州，就不會陷入窮途末路了！」

「您不必絕望！如今還有一計可行，就是和江東的孫權結盟，或許有機會打敗曹操大軍。」孔明安慰劉備。

「孫權穩坐江東，怎肯與我們結盟？」

「我由情報得知江東已經萬分緊張，孫權手下有的主張決戰，有的建議投降。孫權是精明的領導者，勢必不肯屈居人下，再加上英勇大將周瑜和深謀遠慮的魯肅都是主戰派，必定不肯投降。只等時機成熟，我就乘著小船過去江東，憑著三寸不爛之舌，說服孫權與我方結盟，共同

擊敗曹軍。」

雖然孔明說得信心十足，劉備的內心還是不免憂心忡忡。突然有士兵報說江東的魯肅來訪。

「魯肅一定是來探聽曹軍虛實。太好了！和孫權結盟有望了！」孔明大喜，說出自己的計策，要劉備依計行事。

魯肅施過禮，果然問起曹軍的虛實。劉備推說不知，入內請出孔明。

「曹軍動向皆在我掌握之中，只恨兵力薄弱，不足以破曹軍。」孔明說。

「我主孫權虎踞江東六郡，兵精糧足。先生何不隨我一同前去東吳，說服我主和你們結盟，共同擊潰曹軍？」

在魯肅力邀之下，孔明就向劉備告辭，帶著幾名護衛，和魯肅登舟前往東吳。兩人在舟中相談甚歡，十分投機。魯肅一再告

誡孔明，千萬別在孫權面前說曹操兵多將廣。

到了江東，魯肅要引見孔明給孫權之前，又囑咐孔明：「如今去見將軍，萬萬不可說曹操兵多。」

孔明微笑以對。他心知孫權和周瑜乃當世英豪，必定不願投降。然而要借東吳的兵力擊敗曹操大軍，非激發兩人的鬥志不可。他心中早就擬好了一套連環激將法。

孫權剛接到曹操要求他投降，並且出兵與曹軍夾擊劉備的檄文*，趕緊集合手下，共商應付曹操的良策。座中文武官將分成兩派，爭議不休。一派提議投降，另一派主張決一死戰。

孫權聽說孔明到來，有心考

 放大鏡

＊檄文　從前皇帝或官府用來徵召軍隊，或告知百姓的文書。

驗他，藉故邀周瑜入內窺視孔明有何能耐。

孔明一現身，主和派的首腦張昭已經知道孔明是來聯合東吳抵抗曹軍的說客＊，又見孔明氣宇軒昂，自信滿滿，存心要打擊他，令他知難而退，就對他說：

「劉備三顧茅廬，請先生相助，想要席捲荊州、襄陽，如今為何被曹操先占了？劉備在未得先生之時，還能割據城池，何以得先生相助，反而棄新野，走樊城、敗當陽、奔夏口，幾乎沒有容身之地？」

孔明回答說：「我主躬行仁義，不忍心奪取同宗的基業。劉琮懦弱，暗自投降，才使曹操如此猖狂。亮自擔任軍師，也曾盡一己棉力，靠數千兵士大敗十萬曹軍。寡不敵眾乃兵家常事。至

＊說客　能說善辯，專門以口才勸誘他人的人。

於說到開創基業，社稷安危，端賴主謀，非徒口誇辯之人所能擔當。」

張昭聽罷，啞口無言。其餘幾名主和的大臣也紛紛質問、刁難孔明。

孔明憑著機智的口才，舌戰群儒，說得東吳眾謀臣羞愧難當，無言以對。

孔明犀利的口才令孫權嘆為觀止，趕緊從屏風後面走出來接待他。

接著孫權問孔明曹軍虛實。

「曹操原有青州軍二十萬，平了袁紹又得五、六十萬，中原新招兵卒有三、四十萬，如今又得荊州之兵二、三十萬。曹軍何止百萬，該不會嚇著江東之士吧？」

魯肅聽到孔明這麼說，大驚失色，頻頻以手碰觸孔明，對他使眼色。孔明卻故意裝作不見。

在場的人都感到驚恐，只有孫權、周瑜兩人面不改色。周瑜問：「曹操部下戰將多少？」

「足智多謀之士，能征善戰之將，不只一、兩千。」

孫權接著問：「如今曹操攻下荊州，還有什麼進一步的軍事計畫嗎？」

「眼下江北的曹軍沿江紮營，準備戰船，不攻取東吳，還能攻哪裡呢？但願將軍量力而為！如果東吳大軍不足以對抗曹操，何不聽從謀士的意見，放棄抵抗，向曹操俯首稱臣？」

孫權聽了孔明這番話，不禁勃然變色，對孔明說：「曹操最顧忌的就是呂布、袁紹、袁術、劉表、劉備和我。如今呂布等人都被他消滅了，我承襲父兄基業，自然不會為了苟全性命，讓東吳受這逆賊的荼害。我有意和劉備聯合抵抗曹操，但是劉備剛敗於

曹操，還有實力與我聯手嗎？」

「我主雖然新敗，然而關羽手下尚有精兵萬餘人，劉琦的江夏戰士也在萬人之上。曹軍遠來疲憊，又經過交戰，日夜行軍，如今戰力猶如強弩之末*。荊州百姓只是一時迫於情勢而投降。況且曹軍來自北方，不熟悉水戰。如今將軍果真能與我主同心協力，一定能擊退曹軍。如此一來，荊州、東吳勢力大增，鼎足三分的情勢也就確立了。成敗關鍵，就在今天啊！希望將軍好好考慮，再做決定。」

「曹操的目的怕是要進軍夏口，消滅劉備吧？先生此行該不是要借東吳之手，救劉備的燃眉之急吧？」周瑜質問孔明。孫權隨即出示曹操的檄文給孔明看。

放大鏡

*強弩之末　比喻原本強大的力量已經變弱，不能再發揮作用。

「將軍聽說過曹操在南征之前，命三子曹植在漳水濱建造銅雀臺的消息嗎？他曾在酒後誇口說：『銅雀臺是專門為東吳的兩位絕世美人，本人思慕已久的大喬和小喬建造的。』所以曹操這次以攻伐荊州、東吳為名，傾軍而出，其實主要目的就是要攻下東吳，將這兩位絕色美女占為己有。東吳如果畏懼曹操，不如棄械投降，將兩位美人送給曹操，各位還是一樣能當官，安享太平……」

孔明說話時，魯肅暗地裡猛拉他的衣袖，阻止他說下去。同時間，孫權和周瑜兩人的臉色驟變，眼睛燃起怒火。

孫權不等孔明說完就憤然起立，咬牙切齒的說：「我和曹賊勢不兩立！」說完猛然拔出配劍，將面前的長桌砍成兩半，逼視群臣說：「爾後再有進言要投降曹操

者，如同此桌！」於是把配劍賜給周瑜，封他為大都督＊，封程普為副都督，魯肅為贊軍校尉＊，準備興兵大破曹軍。

　　會後回到招待所，孔明問魯肅：「剛才我講話時，你為何老是拉我的衣袖？」

　　「你不知道大喬正是我主的嫂嫂，小喬是周瑜的妻子嗎？你的言論，不是要招惹他們生氣嗎？」

　　「正因為我知道，才故意這麼說，好激怒他們同仇敵愾，狠下決心對抗曹操啊！」

　　孔明笑著對魯肅解釋自己安排的激將法，聽得魯肅既驚嘆又佩服，半晌說不出話來。

放大鏡

＊大都督　軍隊的大統領。
＊贊軍校尉　職位略小於將軍的武官。

4 草船借箭

　　孫權被孔明激怒，毫不考慮就宣布要聯合劉備攻打曹操。回去冷靜一想，猛然醒悟，不禁捶胸頓足的嚷著：「可恨哪！我上了孔明的當了！」急忙請周瑜來商量。

　　「我的見解與主公相同。就算我們削弱了曹操的兵力，卻會壯大了劉備。」周瑜呼應孫權。

　　「是呀！打跑了猛虎，卻引來惡狼，豈能高枕無憂？孔明太厲害啦！將來一定會成為東吳的心腹大患！」孫權憂心的說。

　　「主公別憂心，我以聯軍為理由，留孔明在東吳討論軍事，然後設計害他違背軍令，到時候就可以名正言順的將他斬首。」

　　周瑜連日整頓好東吳的水軍後，就召開軍事會議，請孔明出

席。會中他問孔明:「和曹軍在水面作戰,何種武器最重要?」

「水面作戰,非箭不可!」孔明答。

周瑜趁機說:「能否請先生在十天內趕造十萬枝箭?」

孔明在心中盤算了一下,已經明瞭周瑜的用意。他屈指算了算日子,輕鬆的回答:「十天太慢了!萬一曹操攻打過來怎麼辦?我三天內就可以造齊十萬枝箭。」

「你確定可以?」魯肅怕孔明亂開玩笑,惹禍上身。

「確定!」孔明一本正經的回答。

「軍中無戲言。倘若耽誤了可要受軍法制裁!」周瑜暗自歡喜,故作嚴肅的對孔明說。

「當然!三天後的清晨,請都督派五百名兵士到江邊取箭就是了。」孔明答。

會後周瑜便暗中命令造箭的

工匠故意偷懶，延誤造箭的時程，準備三天後將孔明問斬。

魯肅送孔明回去，在路上不禁責備孔明太不小心：「十萬枝箭就算十天都趕不出來了，何況是三天！你為何故意要惹禍上身？」

「周瑜之意，原是要害我！您要幫幫我呀！」

「唉！我無能為力！」魯肅搖頭嘆息。

「只需偷偷借我二十艘快船，每艘船要三十個兵士，船上用青布做成帳幕，各束草人千餘，分置在船的兩邊，我自有妙用。第三天包管有十萬枝箭。」

魯肅依照孔明所託，祕密安排妥當，心裡還是替他擔憂。第一天來探視，孔明在看書。第二天再來探視，孔明在彈琴。第三天晚上四更時，孔明悄悄來請魯肅陪他去取箭。

「你死到臨頭還說笑！上哪

兒取十萬枝箭？該不是要逃回夏口吧？」魯肅劈頭就責備孔明。

「您跟我到江邊自然就知道。」

來到江邊，孔明教人將二十艘船用繩索相連，朝北岸駛去。一到江心，只見濃霧瀰漫，伸手不辨五指。到了五更時，船已接近曹操水寨，孔明命船隻頭西尾東，一字排開，士兵在船上不停的擂鼓吶喊。魯肅大驚，說：「倘若曹兵出擊，該如何是好？」

「濃霧之中，曹兵一定不敢出擊。我們只管在棚帳中飲酒取樂，等霧散了就回去。」

曹兵一聽到挑戰的吶喊聲，急忙報告曹操。曹操唯恐濃霧之中遭到埋伏偷襲，不派水軍出擊，卻叫張遼、徐晃各領三千名弓箭手火速趕到江邊助陣。

曹營箭如雨下射向草船，過了一會兒，孔明又教人把船頭掉

轉過來，逼近水寨受箭。等到太陽升起，濃霧漸散，孔明就下令船隻回航。

孔明、魯肅走出棚帳一看，二十艘船兩邊的草人上密密麻麻排滿了箭，數目超過十萬。

魯肅直嚷佩服，問孔明何以知道今晨有大霧。

「不通天文，不識地理，如何當軍師？我三天前就算準今天有大霧，想好計謀，所以才敢在周都督面前誇下海口啊！」

孔明圓滿達成任務。周瑜從魯肅口中聽聞孔明「草船借箭」的奇謀，不得不佩服孔明的神機妙算，卻又更加嫉妒他。

當晚周瑜親自邀請孔明到營帳共飲。周瑜說：「我昨日探了曹營水寨，看來嚴整有序。我方想以寡擊眾，只有用奇計。不知先生有何奇計可用？」

孔明立即回答：「都督且不要

說。我們兩人各自將所想之計寫在掌心，看看是同或不同。」

兩人寫好，攤開手掌一瞧，不禁都開懷大笑。因為兩人的掌中都寫著一個「火」字。

周瑜便連日整頓水軍，安排計策。

曹操因為誤中孔明的草船借箭之計，深知孔明的厲害，一時不敢輕舉妄動，就派手下到東吳陣營詐降，卻誤中了周瑜和孔明安排的反間計，將所有戰船用鐵環連結，以求平穩。

他看見以鐵環相連的戰船在江上操練，如履平地，使得慣戰沙場的北方戰士也不再暈船，併吞東吳的信心頓時大增。

5 借東風

過幾日，魯肅突然慌張的跑來對孔明說：「不好了！周都督病倒了！」

孔明聽了，「噗哧」一笑，胸有成竹的說：「他的病只有我能醫！」說完就隨魯肅去探望周瑜。

「才幾日不見，怎麼都督就身體欠安呢？」孔明問候臥在病榻的周瑜。

「『人有旦夕禍福』，我怎能預知呢？」周瑜有氣無力的回答。

孔明卻笑著說：「『天有不測風雲』，人又如何預知呢？」

周瑜一聽，臉色大變，不住呻吟。孔明便問：「都督心中煩悶，氣息不順嗎？」

「是的。」

孔明接著說：「應當服用涼

藥。」

「已服過涼藥，全然無效！」周瑜回答。

「我有一種祕方，可令都督氣息順暢。」

「真的嗎？請開給我吧！」周瑜命左右奉上紙筆，然後全部退下。

孔明提筆寫下「欲破曹公，宜用火攻；萬事俱備，只欠東風。」寫好就遞給周瑜。

周瑜一看大驚失色，暗自思量：「孔明早就知道我的心事，真是神人啊！我不能再打啞謎了！」打定主意，突然從病榻翻身而下，拉著孔明坐在桌邊說：「我軍在大江東南，曹軍在大江西北，如今雖設下連環計謀引曹操步入陷阱，無奈十一月寒冬之際，天天颳強勁的西北風，計謀再周詳也燒不了曹操的戰船呀！」周瑜嘆聲連連。

「我曾學過奇門遁甲之術，可以呼風喚雨。都督若要東風，可在南屏山靠江邊處搭一座七星壇，我親自作法，保證三天內借到東風幫助都督用兵，如何？」孔明說。

「太好了！只要一夜大風，就可燒盡曹操的戰船。事不宜遲，請先生快進行吧！」周瑜大喜，立刻病態全消，一方面傳令火速照孔明的吩咐去辦，一方面傳令全軍備戰，並且安排好二十艘裝滿魚油、硫磺等引火物的快船。

第二天七星壇築成，孔明齋戒沐浴後，就登壇祭風。周瑜、程普、魯肅召集各部將領在營帳中待命，只等一颳起東風就發動水軍，長驅直入，燒盡江北戰船，大破曹營。

孔明一連作法三天。周瑜半信半疑，在營帳中苦苦守候，直

盼到第三天晚上二更＊，見帳外西北風猛烈，江上戰船的戰旗一直往營帳這邊飄，忍不住抱怨說：「我被孔明騙了！寒冬之際，何來東南風？」

其他將領跟著附和：「曹操也是料定這個季節颳的是西北風，我方無法用火攻，才敢將戰船連結。」「是呀！孔明只是凡人，何來神通向天借東風？」

「再等等看吧！孔明這個人高深莫測，說不定……」魯肅話還沒說完，忽然一陣怪風吹得營帳歪斜抖動，眾人慌忙搶出帳外一看，所有的戰旗竟然都變了方向，朝西北飛舞。

眾人怪嚷：「真是東南風呀！真是東南風呀！」

周瑜連忙發號施令，催促火船發動奇襲，六路兵馬先後出

＊二更　從前一夜分五更，二更大約是晚上九點至十一點。

發，水軍待命進攻。

眼看破曹大計順利進行，周瑜內心既欣喜又不安。他想：孔明的神通如此廣大，到頭來終究會成為自己的勁敵，得趕緊除掉這個後患才行。於是暗中派一隊人馬到七星壇去圍殺孔明，卻找不到孔明的蹤影。

原來孔明早就算準器量狹小的周瑜必定容不下他，在答應周瑜借東風之後，隨即暗地裡派人送信請劉備集合軍隊，並派趙雲駕一艘小船，停泊在七星壇下方的江邊等候，等一颳起東南風，他立即下壇搭上小船，回到夏口與劉備會合。

6

智算華容道

　　孔明與劉備商議完畢，馬上坐上軍師的座位，開始發號施令。

　　「曹操大軍中了我方計謀，在赤壁江上遭到火攻，一定會登上北岸從空曠的烏林遁逃。烏林有兩條路，一條通南郡，一條通荊州。曹操兵敗，必由荊州逃回許昌，請趙雲將軍領兵三千渡過漢水，埋伏在通往荊州的路上，攔腰襲擊。」

　　趙雲領命而去，孔明又派張飛領三千兵士渡過漢水去葫蘆谷埋伏，糜竺、糜芳、劉封三人領水軍攔截曹操敗軍，奪取器械。又請劉琦回到武昌待命。

　　孔明安排妥當之後，對劉備說：「主公可在樊口屯兵，坐看今夜周郎大逞威風。」

孔明全然不理會坐在一旁的關羽，關羽終於按捺不住，高聲說道：「我關某自從跟隨兄長征戰以來，從未落後。今日遭逢大敵，軍師為何不派任務給我？」

孔明笑著回答：「雲長別怪我。我本想麻煩你守一個最重要的隘口，奈何有些疑慮，所以不敢派你去。」

「軍師對關某有何疑慮？」

「雲長最重義氣。昔日曹操為了籠絡你，待你十分優厚，這回他兵敗而逃，必定經過華容道，如果由你來把關，恐怕會放他過去。」

「軍師太多心了！曹操雖曾重待我，但在面對大敵袁紹時，我已殺了袁紹的猛將顏良、文醜，為他解了白馬之圍＊，回報

＊**白馬之圍** 白馬為地名，曹操攻袁紹，在此地遭遇袁紹猛將顏良及文醜，兩將都被關雲長所斬。

過他了。如今被我撞見，豈能輕易放過他？果真如此，願受軍法制裁！」

關羽立下軍令狀＊，領了將令，便帶著關平、周倉和五百名兵士到通往華容道的小路進行埋伏，照孔明指示點火生煙。

「先生明知雲長義重如山，有恩必報，倘若曹操真被他攔截到，必會放過曹操。為何不讓翼德擔此重任？」劉備憂心的對孔明說。

「曹操一旦敗死，東吳周瑜在沒有心腹大患的情況下，必會恃強凌弱，違背盟約，趁勢拿下荊州，並且消滅我們。留曹操活命，我方在他們兩強相爭的局勢下，較容易從中取事，得到壯大的機會。雲長心中常有回報曹操

＊軍令狀　在軍中立下保證，如果違背，願依軍令處罪的文件。

的想法，今日正好讓他了卻此恩。」

孔明說完，劉備才放下心來。

當夜，孔明陪劉備屯兵在樊口的高處坐鎮觀戰，只見赤壁的方向烈焰沖天，映得天空一片火紅。隱隱間傳來打殺呼號之聲，可見戰況十分慘烈。

等到五更時分，前去赤壁打探軍情的士兵回報：「在東風助威下，周瑜火燒曹營的策略奏效！曹操作夢都想不到冬天居然颳起了東南風，在毫無防備的情況下，不僅用鐵環緊密連結的戰船全數被東吳詐降的火船焚燬，烈火還蔓延到岸上的陣營。曹操的水陸兩軍頓時陷入一片混亂，被燒死、溺死或人馬自相踐踏而死者不計其數。東吳軍隊乘亂襲擊，統領水軍的曹操只能在幾名猛將的護衛下，拼死逃出火海，

領著殘餘部隊朝西方奔逃。孫權領著大將陸遜、太史慈在合淝路口伏擊曹軍，曹軍兵敗，又朝烏林方向逃走了。」

「哈哈！果然不出我所料！主公可安然在指揮部等候捷報啦！」孔明對劉備說。

曹操拼死命奔逃了一夜，來到一處茂密的樹林暫歇，腦中熟記的行軍地圖一時混亂了，就問左右:「這是什麼地方?」

「稟丞相，是烏林。」

曹操環顧片刻，忽然哈哈大笑。左右大將問曹操為何而笑，曹操說:「我笑周瑜和諸葛亮沒有智謀！此處地形險峻，山下只有一條小路可以通行，倘若在此布兵埋伏，我們還有命嗎?」

曹操笑聲未止，兩旁的樹林中突然鼓聲一響，軍隊殺出，領軍的將領大叫:「趙子龍奉軍師將令，在此等候多時了!」

　　曹操嚇得險些掉下馬背，連忙命令徐晃、張郃兩名猛將抵禦趙雲，自己領著殘兵逃走。

　　這時忽然下起雨來。曹軍冒雨奔逃，直到人馬都受不了困乏飢餓才停下來。雨稍停，曹操就命士兵去附近村落搜刮糧食、炊具和火種，準備在山邊架設鍋子煮飯，燒馬肉吃。兵將都脫下溼衣晾乾，戰馬也卸下馬鞍吃草。

　　曹操突然仰天大笑。身邊大將問：「剛才丞相笑周瑜、諸葛亮，引出趙子龍，折損了許多人馬，現在為何又笑？」

　　曹操說：「我笑周瑜和諸葛亮不會用兵。倘若是我，必定在這處葫蘆口埋伏，以逸待勞，叫敵兵不死也重傷。」正說間，赫然鼓聲震天，煙火四起，曹軍頓時騷動起來。曹操大驚，立刻棄甲上馬而逃。

　　張飛領軍衝出，聲如雷吼：

「曹賊走哪裡去！」曹兵被張飛的聲勢嚇得四散奔逃。猛將許褚跨上無鞍馬上前擋住張飛。張遼喊著：「快保護丞相！」一邊縱馬上前迎戰，拼死救曹操脫困。

曹操逃脫死劫，當初南征的幾十萬大軍，如今只剩幾百人隨行。行進間，擔任前導的將軍稟告曹操：「前面有兩條路往華容道，請丞相指示該走哪一條？」

「路況如何？」

「大路平坦，但遠；小路崎嶇，但近。」

曹操命手下登上高處觀察後回報：「小路山邊有幾處冒煙，大路並無動靜。」

曹操下令走小路。左右將軍猶豫不安的問：「冒煙處一定有軍馬，為何要走小路？」

曹操說：「兵書上說『虛則實之，實則虛之。』諸葛亮善用計謀，故意在小路燃起煙火，使我

軍不敢走這條山路，他的軍隊卻輕易的在大路埋伏。我偏不中計！」

左右隨即稱讚曹操：「丞相妙算沒人比得上！」

曹操的兵馬在泥濘小路掙扎前進，又累死不少兵馬。剛來到平坦的路段，還來不及喘一口氣，赫然見到前方關羽提著青龍刀，跨著赤兔馬，領著一批手持大刀的士兵擋住去路。曹操彷彿撞見死神攔路，嚇得魂飛魄散。曹兵全都累得無絲毫鬥志，垂頭等死。

曹操的謀士程昱請曹操上前去跟關羽說情，關羽回想舊情，登時心軟下來，竟然放走了曹軍。

劉備和孔明在指揮部等了一天一夜，趙雲首先回營告捷：「奉軍師命令，突襲成功，消滅大半殘餘曹兵，擄獲兵器、戰馬一

批。」

「子龍辛苦了！請先下去休息，等候參加慶功宴。」

隨後張飛也帶回無數馬匹兵器，劉封、糜竺、糜芳陸續帶著戰利品凱旋而歸。

最後等到的關羽卻是空手而回。

「難道曹操沒經過華容道？一定是我失策，讓雲長空等了。」孔明對關羽說。

「軍師料事如神，關某放過了曹操，特地來請死！」

孔明立刻喝令刀斧手拉關羽出去斬首。

劉備箭步上前護住關羽，對孔明說：「軍師手下留情哪！我們兄弟從前在桃園結義，曾經發誓不能同年同月同日生，但願同年同月同日死。雲長死，我豈能獨活！」

張飛也俯拜在孔明面前替關

羽求情：「請軍師給我二哥一次戴罪立功的機會！」

　　眾將官也都替關羽求情，孔明這才答應讓關羽戴罪立功。

7 用計占荊州

　　曹操統一天下的美夢，被赤壁的戰火焚為灰燼之後，立誓要報仇，就重回北方整頓軍隊。他命令大將曹仁守南郡，夏侯惇守襄陽，全力保住荊州。

　　孔明建議劉備移師到油江口屯駐，找機會就近攻下南郡。

　　「周瑜下一個目標一定是南郡。我們先拿下南郡，要是周瑜來搶，我軍恐怕抵擋不了？」劉備問。

　　孔明回答：「力敵不如智取，我們只能見機行事。」

　　周瑜鎮守在江陵，聽情報說劉備和孔明移師到油江口，大吃一驚，對魯肅說：「劉備屯兵油江口，意在攻取南郡。我們好不容易擊敗曹軍，南郡已唾手可得，他們若是圖謀不軌，我就先消滅

他們，再去取南郡！」隨即調動大軍，浩浩蕩蕩來到油江口。

孔明得到情報，馬上教劉備該如何應對，然後派趙雲去迎接周瑜和魯肅。

劉備在營中設宴款待兩人。酒過數巡，周瑜就不客氣的質問：「玄德駐兵在此，莫非想攻取南郡？」

劉備照孔明教的話回答：「聽說都督要攻南郡，所以帶兵來助陣。如果都督不取南郡，我就會攻取。」

周瑜冷笑說：「何須玄德助陣，憑東吳兵力綽綽有餘！東吳早就想吞併漢口，如今取南郡猶如探囊取物，當然不會放過！」

劉備回答：「曹賊善用計謀，他要回許昌時，留曹仁守南郡，必定有奇謀相授。加上曹仁能征善戰，要攻下南郡恐怕沒都督想的那麼容易呀！」

　　周瑜在劉備刺激之下，怒沖沖的說：「曹賊的計謀我一眼就能看穿！我如果拿不下南郡，就任憑你攻取吧！」

　　劉備立刻接口說：「子敬、孔明在此作證，都督話說出口可別反悔！」

　　魯肅遲疑著尚未點頭，周瑜就拍著胸脯說：「大丈夫一言既出，絕不反悔！」

　　孔明心中大喜，就對劉備說：「周都督這話十分公道！先讓東吳去攻南郡，如果攻不下，再由主公去取，有何不可？」

　　周瑜、魯肅一離開，劉備馬上問孔明：「軍師教我如此回答，我想了想，實在不了解其中道理。如今我連個立足之地都沒有，要是讓周瑜先取得南郡，該如何是好？」

　　「當初勸主公去取荊州，主公不願意，怎麼現在卻心急了

呢?」

　　劉備回答:「當初荊州是劉表所有，所以不忍相攻。如今荊州、南郡和襄陽屬於曹操，當然不必顧慮啦!」

　　「放心!曹仁也不是那麼容易對付的!讓周瑜先去廝殺，我伺機而動，早晚會讓主公在南郡城中高坐!」孔明說得自信滿滿。

　　劉備還是覺得內心不夠踏實。想在東吳大軍的眼前占領南郡，簡直像在虎口搶鮮肉哪!除非有天上掉下的機會。

　　周瑜、魯肅回到營中，魯肅問周瑜:「都督為何答應劉備攻取南郡?」

　　「我彈指之間就能拿下南郡，何不虛做個人情。」周瑜信心十足的說，隨即調動五千精兵，渡江攻打南郡。

　　鎮守南郡的曹仁部隊被東吳軍隊打敗，丟下了南郡城，朝西

北荊州方向逃，周瑜便帶領軍隊，一馬當先要衝進城裡，冷不防城樓上一枝暗箭往下射，射中周瑜的左臂，城內隨即闖出一隊兵馬要來活捉周瑜。周瑜的手下發現中了埋伏，趕緊上前抵擋曹兵，把周瑜救回營中。

周瑜為了療養傷勢，暫時停止攻打南郡的行動。曹仁知道周瑜氣量狹小，容易被激怒，想藉機氣死他，便叫士兵天天到周瑜營門前挑戰，痛罵周瑜是手下敗將、縮頭烏龜。

周瑜的手下擔心他受到刺激，一直對他隱瞞實情。但是營門外吵吵鬧鬧，終於還是被周瑜知道了，他不顧手下反對，立刻披甲上馬，領著一隊精壯騎兵，衝出去和曹軍廝殺，然後假裝口吐鮮血，滾下馬來，被屬下匆匆救回。一回到營中，他立刻告訴部將：「你們去散播謠言，說我因

為箭傷發作，已經死去。同時命令士兵一律戴孝，讓曹仁相信我真的死了，再派十幾名士兵過去詐降，引誘曹仁夜裡來劫營。」

周瑜病死的消息傳開以後，曹仁信以為真，立刻調動所有兵馬，在半夜發動奇襲，準備一舉打垮東吳大軍。

曹軍輕而易舉的就攻入東吳的陣營，卻發覺四周看不到一個人影。曹仁心知不妙，正想撤退，突然戰鼓轟鳴，殺聲四起，東吳軍隊從暗處圍攻過來。曹軍登時慌成一團，在東吳軍隊一陣衝殺之下，死傷慘重。曹仁心知敵不過，帶領殘軍奪路逃回南郡，城門卻不打開，只好繼續逃向襄陽。

周瑜乘勝追擊曹兵，來到南郡城外，卻看見城樓上插滿了劉備的軍旗。一位英武的將軍站在城樓上，高聲對周瑜說：「抱歉！

周都督，我趙子龍奉軍師孔明的命令，已經取下南郡城了！」

孔明的神機妙算令周瑜既驚訝又佩服！但是他實在不甘心自己辛辛苦苦攻下的南郡，竟被孔明不費絲毫力氣就占領去了。

「可惡！我被孔明算計了！原來他早就派軍隊埋伏好了，等曹仁出城劫營，就趁機攻占南郡。」周瑜越想越氣，馬上下令攻城。

趙雲早就準備萬全，一聲令下，城上立刻箭如雨下，令東吳兵馬前進不得。周瑜只好下令收兵。

周瑜回營後，開始計畫兵分兩路先拿下荊州和襄陽兩座重城，然後再回攻南郡。正在分派任務，忽然探馬來報，說：「諸葛亮得了南郡以後，詐用兵符，騙荊州守軍出城去救南郡，卻教張飛攻下了荊州。」

接著又一探馬來報說：「諸葛亮派人去襄陽跟夏侯惇詐稱曹仁求救，引夏侯惇領兵出城，然後暗中派關羽攻下了襄陽。」

周瑜聽完頓時急怒攻心，引發舊傷，大叫一聲，暈死過去，過半晌才甦醒。

「不殺諸葛村夫，怎能消我心頭之恨！」周瑜咬牙切齒，對身邊的謀士將領們說：「我們馬上出兵消滅劉備，奪回那幾座城池！」

魯肅勸周瑜：「出兵攻打劉備，曹兵一定會趁機從背後襲擊，這對我們相當不利。不如讓我去說服劉備，要他把荊州還給我們，如果他不還，再出兵也不遲呀！」

周瑜冷靜的想了想，也覺得不宜貿然出兵，便採納魯肅的建議。

魯肅打聽到劉備與孔明坐鎮在荊州，就往荊州出發。來到荊

州，看到城外的軍隊陣容整齊，紀律森嚴，內心暗暗佩服:「孔明真是了不起的軍事家！都督要是來攻打，只怕也討不到便宜!」

孔明得到情報，親自出城門來迎接魯肅到軍府中，設宴款待魯肅。魯肅直接表明來意說:「這次曹操領百萬大軍南征，原本打算奪下荊州，徹底消滅劉皇叔，幸虧東吳殺退曹兵，皇叔才能倖免於難。所以荊州各郡理應歸於東吳，如今被皇叔用詭計占領，害東吳白白耗費那麼多錢糧軍馬，這如何說得過去?」

孔明回答:「子敬是最講道理的人，為何說出這種沒道理的話呢？荊州本來就是劉表的屬地，雖然劉表不在了，但他的長子劉琦還在，我主以叔父的身分協助姪兒管理荊州，有何不可呢?」

魯肅辯解說:「若是公子劉琦占住荊州還說得過去，可是他人

在江夏，並不在荊州呀！」

孔明問：「子敬想見公子嗎？」隨即命左右請劉琦出來。

兩名侍者攙扶劉琦出來。劉琦對魯肅說：「我有病在身，不便招待您，請勿見怪！」說完就回房休息。

魯肅吃了一驚，默然無語，過了許久才開口問孔明：「萬一公子不在人世，荊州就該歸還東吳了吧？」

孔明回答：「子敬說的是。」。

魯肅回到營中，將經過報告周瑜，周瑜責備他說：「劉琦正青春年少，哪天才會死！荊州要歸還東吳豈不是遙遙無期？」

「請都督放心！我看劉琦是酒色過度，如今已病入膏肓，不出半年必死無疑！到時候再去向劉備要回荊州，他就沒辦法推託了。」魯肅很有把握，周瑜卻是滿心疑慮。

魯肅的眼光果然不差，劉琦不到半年就病死了。

魯肅一聽到劉琦的死訊，馬上自告奮勇以弔喪為名前往荊州，要求劉備把荊州歸還東吳。

「當時周都督要攻打荊州，是我勸阻他。孔明當時也承諾：萬一劉琦不在人世，就要將荊州歸還東吳。現在劉琦已經去世，皇叔再不還荊州，周都督決意兵戎相向，到時候萬一曹軍又從你們背後攻來，你們如何抵擋得了呢？」

劉備並不回答，只是一味跟魯肅勸酒。魯肅心急起來，一再逼迫。

「無論如何，今天都要交出荊州，否則我無法回去交差！」

孔明見魯肅出言威嚇，臉色一沉，責備魯肅：「子敬這樣逼迫，實在不合情理！我主公是當今皇上的叔父，以姓劉的人管理

劉家的國土，有何不可呢？況且赤壁之戰若不是我借東風助火攻，恐怕東吳連自己的土地都保不住了，還能妄想要占領荊州嗎？」

孔明看見魯肅被自己的一番話堵住了嘴，接著用緩和的語氣說：「子敬不用急在一時！我們正計畫進兵西川，我請主公寫下保證書，我們三人一同簽名為證，請東吳讓我主公暫借荊州，等攻下了西川，就把荊州歸還東吳。」

魯肅雖然無奈，最後也只好勉強同意，帶著劉備簽下的保證書準備回東吳去。

魯肅先將在荊州交涉的情形告訴周瑜，周瑜一看保證書，又氣又惱，猛一踱腳，責備魯肅說：「子敬這回又誤中孔明的圈套啦！他說借地，其實是要賴！要是他十年不攻西川，豈不是十年不必還荊州？這樣的保證書有何

用處？你竟然還簽名作保！萬一主公怪罪下來，你該如何是好？」

魯肅登時傻住了，不知該說什麼好。周瑜就安慰他說：「子敬不必擔憂！我知道有孔明插手，想要回荊州非用極端聰明的辦法不可。所以在你出發之前，我已經擬好另一個可以討回荊州的妙計，而且主公也同意了。」

魯肅驚喜的問：「都督有何妙計？」

周瑜把計謀告訴魯肅，魯肅大聲叫好，隨即趕回東吳，照周瑜的指示去籌劃辦理。

8 三個錦囊妙計

　　劉備的甘夫人剛去世不久，他唯一的兒子阿斗還年幼，天天哭鬧著要媽媽。劉備正在為這件事發愁時，忽然屬下來通報：「東吳呂範來拜見。」

　　呂範施禮完畢，和劉備訴說一下從前的交情，才說明來意：「我是為作媒而來，想為皇叔促成一門好親事。吳侯孫權的妹妹人長得漂亮，武藝又好，她曾說非天下英雄不嫁，所以一直尋覓不到足以匹配的對象。皇叔是當世英雄，你們兩家如果能結為秦晉之好＊，就不必擔心曹操再來侵犯了！」

　　劉備心知孫權託呂範來說親

　　＊秦晉之好　春秋時代，秦、晉兩國締結姻親，促成良好的邦交。後世用來指稱兩姓聯姻。

的內情不單純，藉故推託，呂範仍極力撮合。

「先生旅途勞頓，請先休息，讓我考慮一晚，明天一定給您答覆。」

劉備安頓好呂範，立刻去找孔明商議。

「這必定是周瑜設下的美人計，想引誘主公去東吳迎娶，然後強留主公下來當人質，逼我們交出荊州。」孔明說。

「那我明天就拒絕這門親事。」劉備說。

「周瑜能用的詭計都難逃我的意料！我已經根據從東吳蒐集來的情報，定下三條計策，保證能讓主公娶得美人歸來，荊州也萬無一失。請主公答應這門親事吧！」孔明微笑著說。

孔明的神機妙算早已令劉備深深折服。劉備雖然擔心自身安危，但是他寧肯信任孔明，就答

應了。

　　劉備去東吳娶親之前，孔明找來趙雲，交給他三個錦囊，囑附他一到東吳就開第一個，到年尾開第二個，危急走投無路時再開第三個，一切照錦囊當中的妙計來辦就好。

　　劉備帶領趙雲和五百名軍士坐船到東吳，剛踏上東吳的土地，就打開第一個錦囊，依計叫五百軍士穿著紅衣，上街採購訂婚用的禮物，並且大肆宣傳劉備來東吳迎娶郡主的事。一下子，全東吳的人都知道吳侯的妹妹要和劉皇叔成親了。接著劉備和趙雲就帶著重禮，去拜望孫權的親家喬國老，說明自己來迎娶郡主的事。

　　第二天喬國老便去向孫權的母親吳國太道賀。

　　「道賀什麼？」吳國太不明白喬國老的來意，反問他。

「昨天劉皇叔來看我，說吳侯派呂範到荊州說媒，要把郡主嫁給他，所以他特地從荊州趕來東吳迎娶。郡主要出嫁了，難道國太不知道嗎？」

吳國太一聽，萬分氣惱，立刻叫孫權來問個明白。

「請母親息怒！這是周瑜想出來的美人計，並不是真的要把妹妹嫁給劉備，而是要藉此引誘劉備來東吳當人質，逼孔明交還荊州。不還荊州，就殺掉劉備。」

吳國太聽完，把孫權痛罵一頓，又要孫權把周瑜叫來，劈頭又是一頓痛罵：「你當大都督，自己要不回荊州，卻利用我的女兒使美人計！現在鬧得全東吳的百姓都知道她要和劉備成親了，你們殺掉劉備，她豈不是還沒出嫁就成了寡婦！」

周瑜是喬國老的女婿。喬國老見他被罵得面紅耳赤，說不出

話來，趕緊出面打圓場：「劉備貴為皇叔，應可與郡主匹配。不如將錯就錯，讓他們結婚吧！」

吳國太恨恨的瞪著孫權和周瑜，沒好氣的說：「我還沒見過劉備，明天上午你們把他帶到甘露寺來給我瞧瞧，我如果看得中意，就讓他和我的女兒成親；如果看不中意，就隨你們處置他吧！」

孫權先派三百名刀斧手在甘露寺埋伏，然後就命呂範去請劉備隔天到甘露寺和吳國太見面。

第二天劉備依約前來，吳國太看見劉備相貌堂堂，儀表非凡，很高興的對喬國老說：「劉皇叔當我的女婿，我實在太滿意了！」

「劉皇叔有天子的氣概，而且仁德信義聞名天下，國太得此佳婿，值得慶賀！」喬國老恭賀吳國太。

　　劉備拜謝過二老，就一同入宴歡飲。不一會兒，身披鎧甲的趙雲進來，站在劉備身邊。

　　「他是誰？」吳國太問劉備。

　　「他是趙雲將軍。」

　　「是那一位抱著阿斗，單騎殺出曹軍萬人重圍的趙子龍嗎？」

　　「正是！」

　　「真是英勇威武的將軍哪！」吳國太讚嘆著，賜酒請趙雲喝。

　　趙雲拿起酒杯一仰而盡，才說：「啟稟國太，剛才末將在走廊巡視，發現房內有刀斧手埋伏。」

　　吳國太聽了大發雷霆，喝令孫權撤走所有埋伏的刀斧手，接著宣布說：「劉皇叔已經是我的女婿，誰也不准動他一根汗毛！我想請他明日就搬到國太府來暫住，等我選定黃道吉日，就讓他們成婚。」

　　於是劉備搬進國太府安居，順利的和孫權的妹妹結了婚。

　　孫權看到劉備和自己的妹妹甜蜜恩愛，想到自己弄巧成拙，反而給劉備占盡便宜，心裡真不是滋味，便開始埋怨周瑜。

　　周瑜為了扳回面子，千思萬慮，又想出一個計策，連忙來告訴孫權：「劉備出身貧苦，長年征戰，從沒有享受過奢華的生活。他現在正處於新婚的甜蜜中，不妨再給他更多享樂，讓他沉迷在歡樂之中，永遠不想回荊州，這樣一來，就算孔明本領再大，我們都不怕拿不回荊州啦！」

　　孫權覺得這個計策可行，立刻派人整修東府，廣栽花木，充實各種好玩的設備和女樂，然後請劉備和郡主搬到東府居住。

　　劉備沉迷在新婚的甜蜜中，果然忘了國家大事，把回荊州的念頭拋到腦後去了。趙雲三番兩次提醒他快過年了，該回荊州了，他都藉故拖延。

　　孫權看見計謀成功，暗自高興。可是趙雲看在眼裡，卻是心急如焚！猛然想起軍師交給他的錦囊妙計，就打開第二個錦囊一看，匆匆跑去求見劉備。

　　「軍師派人來通知：曹操為了報赤壁之仇，領著五十萬大軍朝荊州殺過來了！請主公速回荊州。」趙雲說得煞有介事。

　　劉備像美夢被驚醒，頓時焦急起來，回答說：「我告訴夫人一聲就走！」

　　劉備回去房裡，見到心愛的孫夫人，一方面捨不得告別，一方面又擔心荊州的安危，不禁坐立難安，流下淚來。

　　「你有什麼心事嗎？」孫夫人問。

　　「沒什麼！只是年關到了，不免想起家來。」劉備說。

　　「別瞞我了！剛才趙雲對你講的話，我都聽到了。荊州告

急！你想回去是不是？」

劉備的心事被孫夫人說破了，只好說實話：「是的！可是我怎捨得離開妳呢？」

「我已經是你的妻子了，既然你要回荊州，等我稟告母親之後，就跟你一同回去。」

「不行哪！國太一定會告訴吳侯，吳侯怎肯放我回去呢？」劉備哀求說。

孫夫人思索片刻，說：「這樣吧！再過幾天就是大年初一，我們一同去向母親拜年後，我就說要陪你去江邊祭祖，然後便偷偷回去荊州，好嗎？」

「多謝夫人成全！請夫人幫我保守祕密！」劉備不禁感動得跪下來千恩萬謝。

劉備趕緊把計畫告訴趙雲，吩咐趙雲：正月初一清早帶領五百軍士在官道等候，準備一同回荊州。

　　正月初一，孫權在堂上大宴文武百官，劉備和孫夫人去向國太拜年。孫夫人對國太說，想陪劉備到江邊祭祖，吳國太答應了。於是兩人就瞞著孫權，悄悄出了門，坐上車直奔官道和趙雲會合，在五百軍士前遮後擁之下，拼命趕路。

　　當天孫權喝了不少酒，當手下發覺劉備逃走，來向他報告時，他已經醉得不省人事。等到五更時分醒來，聽說劉備逃走了，氣得將案上的玉硯摔得粉碎，馬上派陳武、潘璋帶五百精兵去追。

　　過片刻程普來求見說：「我想陳武、潘璋就算趕上劉備和郡主，也不敢動手，怎麼追得回劉備呢？」

　　於是孫權立刻解下腰際的佩劍，交給蔣欽、周泰，命他們將違抗者斬首。

　　劉備夫妻在趙雲保護下急急趕路。來到一處要衝之地，卻被周瑜的手下徐盛、丁奉領著一隊兵馬攔住去路。劉備想回頭，卻發現後面塵土飛揚，才片刻，陳武、潘璋已經帶領追兵趕到。

　　「劉備快下馬受縛！周都督早就料到你會路過此地逃回荊州，命令我們駐守在此等候很久了！」丁奉在前頭嚷道。

　　「奉吳侯之命，請郡主和劉皇叔速回！」陳武、潘璋在後面喊著趕上來。

　　「前有攔截，後有追兵，該如何是好？」劉備問趙雲。

　　趙雲趕緊打開孔明交給他的第三個錦囊妙計。劉備看過之後，便來懇求孫夫人：「之前吳侯和周瑜同謀，要我入贅夫人，並非為夫人打算，而是以夫人為餌，打算囚禁劉備以便奪荊州啊！我知道夫人是女中豪傑，日

後必能助我消滅曹賊，所以才敢冒死前來與夫人結為連理。如今只有夫人出面才能救我了！」

孫夫人也覺得自己的哥哥實在沒道理，就安慰劉備說：「放心！我一定會幫你解圍。」說完便上前責問四位將軍：「我奉吳國太的指示，隨夫君回荊州祭祖，你們竟敢攔路，想造反嗎？」

「末將是奉吳侯和周都督的命令，請郡主別錯怪！」徐盛說。

「你們只怕周瑜，就不怕我？周瑜能殺你們，難道我就殺不得周瑜！」孫夫人疾言屬色的威嚇四位將軍，隨即喝令劉備的五百軍士繼續前進。

徐盛、丁奉兩人被孫夫人懾住了，又看見趙雲在一旁怒氣騰騰，準備廝殺，知道討不了便宜，只好拱手放行。陳武、潘璋也怕得罪郡主和吳國太，不敢再為難劉備。

　　劉備的隊伍加速趕了半天路程，終於來到江邊。趙雲命令軍士火速沿著江岸尋找渡船，忽然後方塵土沖天，馬蹄聲漸漸接近。

　　「追兵又到，我們逃不了了！」劉備哀嘆說。

　　「主公別絕望！軍師十分謹慎，時時都派探子打探主公安危，他應該已經安排妥當了才對！」趙雲正說著，手下來報告說已經找到船隻。

　　劉備扶著孫夫人來到江邊一看，原來孔明早就領著荊州水軍，駕著二十艘篷船泊在江邊等候迎接劉備。

　　當東吳追兵趕到江邊，二十艘篷船已駛離岸邊。蔣欽、周泰只能立在江邊懊惱。

　　劉備正在慶幸獲救，感謝孔明時，忽然江水震動，只見無數戰船飛快的追上來了。原來周瑜

怕劉備走脫，親自率領黃蓋、韓當手下的精銳水軍前來攔截。孔明就叫船靠北岸，棄船步行。

周瑜立刻命令水軍登岸追擊劉備。就快追上時，突然山谷內一隊手持大刀的士兵衝出來，為首的威武將領正是關羽！

「不好，我軍中埋伏了！」周瑜連忙命令手下撤退回船上。慌亂中，關羽的副將黃忠、魏延一左一右從山邊殺出，東吳的軍隊大敗。

周瑜領著殘兵逃上船時，岸上劉備的軍士奉孔明指示，齊聲大喊：「周郎妙計安天下，賠了夫人又折兵！」

周瑜聽到怒不可過，要上岸決一死戰，被黃蓋和韓當大力勸阻。

「我的計謀又失敗，如今有何面目回去見吳侯！」周瑜大叫一聲，傷口迸裂，昏倒在船上。

9 周瑜臨終的感嘆

劉備回到荊州之後，天天帶著孫夫人到各地巡視。他看見孔明幫自己把軍士訓練得精神抖擻，把荊州治理得井井有條，讓百姓安居樂業，十分慶幸上天賜給他這一位忠心不貳的得力助手。

有一天，劉備和孔明正在訓練軍隊，侍衛來通報：「東吳魯肅求見。」

「魯肅必定又來催我們歸還荊州了！該如何是好？」劉備問孔明。

「待會兒魯肅要是提起這件事，主公就假裝放聲大哭，我便會出來應付。」

劉備接待魯肅。魯肅直截了當的就說：「這次吳侯派我來，一方面是探望我們郡主，一方面要

討回荊州。當初我當擔保人，皇叔跟我保證攻取西川之後就歸還荊州，卻一直沒有付諸行動。現在吳侯已經等得不耐煩了！再不把荊州還給東吳，東吳就要聯合曹操進攻荊州了！」

魯肅一說完，劉備立刻放聲大哭。魯肅正覺得訝異，孔明就從屏風後面走出來，一面安慰劉備，一面對魯肅解釋：「我主公向來以仁義聞名天下。西川的主人劉璋也是漢家骨肉，如果要興兵攻取西川，恐怕遭天下人唾罵；如果不攻西川，還了荊州，又會失去安身之地。再說不還荊州，實在對不起子敬。所以一提起荊州，只能傷心痛哭了！」

孔明的話說進了劉備的心坎裡，讓他不禁悲從中來，哭得更加悲切。

魯肅被劉備哭得心軟了，安慰說：「皇叔別煩惱了，和孔明再

從長計議吧！」

孔明對魯肅說：「煩請子敬回覆吳侯，請他寬限一些時日吧！」

魯肅只好無奈的向劉備和孔明告辭。經過周瑜駐守的柴桑，先去向周瑜報告。周瑜頓足嘆息說：「子敬呀！這是孔明的緩兵之計，你又上當了！這回主公必定要怪罪你啦！」

魯肅不禁惶恐起來，請周瑜幫他想辦法。

「子敬先別去見主公，只要再去荊州跟劉備說：孫、劉兩家既然結為親家，就是一家，如果劉氏不忍去取西川，就由東吳興兵去取。取得西川時，劉氏再用荊州來交換。」

魯肅聽了，表示西川路遠，恐怕攻之不易。周瑜笑著說：「子敬以為我真要去取西川？我只是要先鬆懈他們的心防，當東吳攻西川的遠征軍路過荊州時，就

要求劉備準備錢糧，出城勞軍，然後趁其不備，殺掉劉備，奪回荊州。如此既解了我心頭的恨，又解了你的困。這計策妙吧？」

於是魯肅又借吳侯之名，再度前往荊州，傳達東吳要替劉備出兵攻取西川，希望劉備準備軍糧出城勞軍的計策。

劉備心裡還在猜疑東吳出兵的可能性，孔明卻連連點頭說：「感謝吳侯好心成全！我們一定會備妥所需錢糧，等東吳大軍路過荊州時，出城勞軍。」

魯肅一走，劉備馬上問孔明：「孫權真的願意勞師動眾，替我們攻取西川嗎？」

「這一定是周瑜出的『假途滅虢』*之計，藉口攻西川，其

*假途滅虢　春秋時代，虞、虢是相鄰的小國。虞國隔壁的晉國想消滅虢國，就用良馬賄賂虞國，向虞國借道，而出兵通過虞國國境，滅了虢國，回師又順便滅了虞國。

實目的在取荊州。他一定打算等主公出城勞軍時，出其不意的殺入城來。」

「我們該怎麼辦？」劉備問。

「請主公放心！我會準備周全，等周瑜一來，就算不死也要讓他只剩半條命回東吳。」孔明說完，立刻請趙雲過來一同商議，安排好對付周瑜的計策。

魯肅回去向周瑜稟報，周瑜大喜:「哈哈！孔明這下子中了我的計策啦！你快回去稟報主公，請他派程普率領軍隊來接應。」

周瑜策劃妥當後，親自率領水陸二軍共五萬，浩浩蕩蕩開拔到荊州，來到城下，只見城門緊閉，既沒人來接應，也不見任何動靜。

周瑜叫士兵去敲城門，說：「東吳周都督領兵到此，快開城門迎接！」話還沒說完，城中忽然鼓聲大震，趙雲領著一隊雄赳赳

的刀槍武士出現在城樓上，高聲問說：「都督率軍來到荊州，有何目的？」

周瑜回答：「我來替你的主人攻取西川，你難道還不知道嗎？」

「孔明軍師已經識破都督假途滅虢的奸計，所以主公留趙雲守城，並且轉告都督：『劉璋與他同是漢室宗親，實在不忍心違背道義，幫助東吳去攻打西川。』請速班師回東吳吧！遲了恐怕就回頭無路了。」

周瑜知道自己再度中了孔明的圈套，立刻下令退兵，行進不久，忽然各路探馬接連飛奔來報告說：「關羽、張飛、黃忠、魏延四路軍馬從四面殺來了！」

周瑜開始驚慌起來，才過片刻，就聽到四面八方喊聲震天，嚷著要活捉周瑜。周瑜一時怒氣填胸，剛平復的箭瘡再度迸裂，慘叫一聲，墜下馬來。左右急忙

救他回船上，這時軍士卻傳來劉
備和孔明在前面山頂上飲酒作樂
的消息，周瑜恨得咬牙切齒，
說：「我就先拿下西川，再兩面包
夾，讓劉備和孔明無路可逃！」

　　周瑜說完就催動水軍往上游
前進，前進到巴丘，卻被劉封、
關平領軍截住水路。周瑜這下更
是氣得捶胸頓足，心緒茫茫，不
知下一步該如何是好！忽然使者
送來指名給周都督的信，周瑜拆
信來看，裡面寫道：「聽說您要出
兵攻打西川，我為了東吳著想，
特地寫信勸您打消這個不可行的
主意。益州民風強悍，地勢險
惡，所以劉璋雖然懦弱，到今天
卻還能守得住西川。您勞師動
眾，千里遠征，想一舉攻占西
川，這就算是孫武和吳起＊也無

＊孫武和吳起　兩人都是古代最善於訓練軍隊、
帶兵作戰的名將。

法達成的呀！何況曹操虎視眈眈的想要報赤壁之仇，現在您興兵遠征，一旦曹操趁虛而入，東吳就保不住了呀！我不忍坐視東吳滅亡，才寫信勸您千萬要三思啊！」

周瑜讀完信，長嘆一聲，命手下取來紙筆，寫信給吳侯，推薦魯肅繼任都督。接著就聚集眾將領，勉勵他們盡忠扶主，共成大業。話還沒說完，人就昏厥過去了。

周瑜過了一會兒才慢慢甦醒，仰天長嘆：「唉！上天既然生下我周瑜，為何又要生下諸葛亮來和我作對呢？」一連叫了幾聲，就氣絕身亡，當時才三十六歲。

10

三國鼎立

　　劉備在孔明的策劃、輔佐之下，穩穩的掌握了荊州。孔明又推薦智慧過人的龐統擔任副軍師，兩人共同籌劃謀略，教練軍隊，使荊州日益兵強糧足。東吳則由魯肅接替周瑜職位，統領軍隊。

　　由於魯肅採取和劉備和平共存的策略，讓北方的曹操開始擔心，唯恐劉備會和東吳聯合起來，興兵北伐，就集合手下商議對策。

　　謀士荀攸建議說：「劉備這陣子正打算圖謀西川，我們攻打東吳，東吳必定向劉備求救，而劉備必定不會全力以赴，如此一來我們就能順利拿下東吳了。」

　　曹操同意荀攸的意見，率領三十萬大兵南下，攻向東吳，魯

肅急忙向孔明求救，於是孔明便用計聯合西涼馬超的軍隊。因為馬超想報曹操的殺父之仇，便趁機率領二十萬大軍攻向許昌，曹操背後受到牽制，連忙回頭應戰。東吳的危機也跟著解除了。

馬超的軍隊非常勇猛，連連打敗曹軍，後來曹操用了謀士賈詡的離間計，使馬超的手下老將韓遂叛變，逼走馬超，終於吞併了西涼。從此曹操越來越囂張跋扈，他雖自命為漢朝丞相，卻不將漢獻帝放在眼裡，後來還封自己為魏王。

西涼被曹操征服的消息驚動了鄰近的漢中，割據漢中的太守張魯唯恐曹操來攻，憑漢中之地不足以抵抗，便積極圖謀西鄰的西川益州。

劉璋繼承父親的地位當上益州的主人，可是卻懦弱無能，不得民心。他為了保住西川，最後

不得不派張松請劉備帶兵入西川協助防守。於是劉備就率領黃忠、魏延等大將，由龐統擔任軍師，兵進西川，把荊州交給孔明管理，由關羽、張飛和趙雲協助防守。

張魯知道劉備有用兵如神的軍師，兵力也不弱，只好打消攻取西川的行動。

西川的危機解除之後，劉璋竟然聽信手下的話，認為劉備有奪取西川的野心，不但不感謝他協助西川抵禦張魯的功勞，反而處處刁難，想把劉備的軍隊趕回荊州去。劉備大怒，龐統便乘機勸劉備攻取益州。劉備依龐統的計策用兵，迅速攻下數道關口。當劉備的軍隊快攻破雒城，直達成都時，龐統竟然遭遇伏兵，被亂箭射死。劉備只好按兵不動，火速請孔明趕來擔任軍師。孔明寫下「北拒曹操，東和孫權」八

個字來叮囑關羽，告訴他依此原則必能守穩荊州。叮囑完畢，就領著張飛、趙雲手下的軍隊向西川進發。

在孔明運籌之下，劉備得到劉璋的手下法正當內應，又有猛將馬超、嚴顏來歸順，一路勢如破竹，攻到成都城下。劉璋只好出城投降。

劉備入主西川之後，就請孔明制訂法律，以求西川能長治久安。孔明訂定的法律很嚴格，西川舊臣法正提出建言：「從前漢高祖推翻暴秦，和人民約法三章，百姓都感念他的恩德，希望軍師能寬減刑法！」

孔明回答：「秦朝法律暴虐嚴苛，所以高祖制訂寬緩的法律。現在益州因為劉璋懦弱無能，德政不舉，法律不彰，君臣之道也不分明，所以我以嚴刑整頓，以法輔政，使上下有節，益州的政

治、軍事和經濟才能步入正軌。」

法正覺得很有道理，後來又看見孔明將益州治理得有條不紊，軍隊兵強馬壯，百姓安居樂業，對孔明更加佩服。

曹操得知劉備入主荊州之後，唯恐漢中又被劉備先奪去，就率領大軍攻打漢中，逼使張魯投降，占領了漢中，然後乘勝進攻西川。

在西川的劉備和孔明早已整頓好兵馬，準備迎戰。孔明和法正屢出奇招，將領和軍士個個奮勇應戰。曹軍非但攻不進西川，反而節節敗退，最後只好丟下漢中之地，狼狽的逃回許昌。

孔明在隆中獻給劉備的三分天下的計策，終於實現了！

劉備擁有了益州與漢中的眾多人民和肥沃領土，匡扶漢室的信心又向前挺進了一大步，於是在眾將領和謀士的擁戴之下，自

立為漢中王，矢志消滅曹操，重振漢室。

曹操得知劉備自立為漢中王，勃然大怒，他知道孫權處心積慮想攻占荊州，便採用司馬懿的計策，聯合東吳，對劉備展開報復。這時劉備早已整軍經武，廣積糧草，打算進軍中原，就命令鎮守荊州的關羽進攻曹軍占領的樊城。

曹軍連連吃了敗仗，連忙向東吳求救，孫權採用了陸遜的計謀，由呂蒙率奇兵趁虛而入，攻占了荊州，將關羽圍困在樊城。劉備救援不及，關羽最後被孫權所殺。

曹操想奪取漢家天下的野心還沒達成，就生病死了。次子曹丕繼位稱王，不久便逼漢獻帝退位，自立為王，改國號「魏」。

當曹丕自立為皇帝後，劉備一方面聽到漢獻帝被殺害的傳

言，一方面又哀痛關羽的死，內心異常悲憤，每天傷心流淚，消極了一陣子。

在孔明的輔佐之下，漢中王劉備的聲望越來越高，兵力也越來越強盛，孔明和眾謀臣、大將就上表建議劉備以皇叔的身分，繼承漢朝的國祚＊，接替漢獻帝當漢朝的皇帝。劉備看了大驚，堅辭不受，還責備大家說：「眾卿要陷我於不忠不義嗎？」

孔明看見大家費盡了唇舌，但劉備就是不肯登基當皇帝，於是想出一個計策，推說自己害了重病，連著三天不理政事。

劉備一聽到孔明生病了，急忙趕來探望，憂心忡忡的問：「聽說軍師病了，不知害的是什麼病？」

「唉！屬下心事沉重，恐怕

 放大鏡

＊國祚　一個國家世代傳承的基業和福運。

命不長久了！」孔明有氣無力的回答。

「軍師有什麼心事呢？」劉備連問了幾遍，孔明始終閉著眼睛不作聲，等劉備問得急切了，孔明才開口說:「大家為主公效命，出生入死許多年，如今總算有了穩固的根基，可以進一步消滅逆賊，恢復漢室。現在曹丕篡奪劉姓的帝業，厚著臉皮當皇帝，文武百官都希望主公能名正言順的登基當蜀漢皇帝，繼承漢朝的國祚，帶領大家開拓功勳大業。可是主公您始終不肯答應，因此大家都很失望！臣擔心這些有能力的部屬會因為失望而離開主公，到時候倘若曹丕或孫權趁機來攻，漢川兩地就保不住了！」

「希望軍師的病快好起來，再幫我籌劃登基大典吧！」

劉備才說完，孔明忽然從病榻一躍而起，敲一敲屏風，屏風

後面立刻走出文武百官，拜伏在地向劉備恭賀。

劉備登基為蜀漢皇帝之後，立劉禪為太子，封孔明為丞相，改年號為章武元年（221年）。

後來孫權也自立為吳王。於是天下分成了北邊的魏國、西邊的蜀國和東南邊的吳國，形成三國鼎立的局面。

11

白帝城託孤

　　劉備稱帝之後，不顧孔明的反對，宣布要親自率領大軍消滅東吳，為義弟關羽報仇。

　　趙雲一聽，立刻進諫說：「要讓天下民心順服，應當先消滅國賊曹魏。篡漢之仇是天下之仇，兄弟之仇是個人私仇，請陛下以天下為重！」

　　文武百官除了張飛之外，都請劉備先討伐曹魏，以伸張天下大義，等曹魏一滅，東吳自然會投降。

　　劉備卻振振有詞的說：「朕不為義弟報仇，雖有萬里江山，不足為貴！」說完更不許任何人再進諫。

　　張飛自從關羽被東吳殺害之後，天天借酒澆愁，一喝醉就鞭打士卒洩恨，不料在劉備攻伐東

吳前夕，在睡夢中被部下殺害。

　　失去了張飛，劉備更加哀慟！他命令孔明坐鎮成都主持軍政，便急躁的統領七十五萬大軍攻打東吳，卻因為忽略了兵法，導致兵敗退守白帝城。

　　劉備自覺沒臉回成都見孔明和群臣，在白帝城憂鬱成疾，竟然一病不起。他知道自己不久人世，想將蜀漢託付給孔明，就差人請孔明和幾位軍政大臣來到白帝城。

　　孔明請太子劉禪鎮守成都，親自帶著劉備的次子劉永、三子劉理和幾位重臣，星夜趕到白帝城的永安宮，拜伏在龍床之前，聽受劉備的遺命。

　　劉備請孔明起身坐在龍床邊，撫著他的背說：「朕很幸運得到丞相的幫助，才有機會開闢國土，當上皇帝，卻又多麼的愚昧，不聽丞相的勸阻，一意孤

行，出兵攻打東吳，以致全軍覆沒，國家元氣大傷！如今後悔痛恨生成疾病，眼看是活不成了，又擔心太子年幼不懂事，不得不把國家大事託付給您。」

劉備說完，淚流不止，囑咐近臣寫下遺詔之後，屏退左右，對孔明說：「丞相的才能十倍於曹丕，假如嗣子值得輔佐，就請盡力輔佐他光復漢室；如果嗣子不才，丞相可以自立為王，繼續討伐逆賊，成就天下帝業。」

孔明聽完，汗流遍體，手足失措，哭拜在地上說：「臣雖肝腦塗地，也不能報答陛下的知遇之恩！誓必竭心盡力，效忠太子，至死方休！」

劉備吩咐劉永、劉理兄弟要尊孔明為相父，誠心接受教誨。又對趙雲等人一一吩咐完畢，就駕崩*了。太子劉禪繼位當蜀國

＊駕崩　古代皇帝去世之意。

皇帝之後，加封孔明為武鄉侯，領益州牧。

曹丕聽到劉禪即位的消息，內心竊喜，想要趁機進兵蜀國，就找屬下來商議。群臣大多顧忌孔明，不敢贊同，唯獨司馬懿站出來附和說：「不乘此時進兵，更待何時？但如果只憑我大魏的兵力，恐怕一時難以攻下，必須聯合鮮卑、西羌、南蠻、東吳，兵分五路，四面夾攻，使孔明首尾不能相救，則西蜀必滅無疑！」

曹丕大喜，照司馬懿的計策，聯合五路兵馬準備攻打西蜀。消息一傳到西蜀，舉國震驚，後主更是坐立難安。幸好孔明推薦鄧芝前往吳國遊說孫權成功，使兩國重修舊好。於是魏國要消滅蜀國的謀略，就隨著吳、蜀的結盟而被瓦解了。

12 親征南蠻

　　吳、蜀結盟後，魏國縱使擁有較強的軍力，卻也不敢出兵進犯。孔明把握休養生息的機會，公正的選用官吏，將蜀國治理得井然有序，加上連年豐收，使得老百姓衣食無缺，家家富足，小偷、乞丐幾乎完全絕跡。由於稅賦大增，國庫充足，軍隊的器械和各項補給品都十分充裕。

　　孔明眼看著西蜀的政治步上軌道，國力日漸強盛，無時無刻不在策劃要幫助後主討伐魏國，進一步統一天下，恢復漢室，以報答先主劉備的知遇之恩。有一天忽然邊境傳來烽火＊的訊息，原來是南蠻王孟獲聯合各洞蠻兵，和劉璋的餘黨朱褒、高定、

＊烽火　古時軍隊用來示警，傳遞軍情的煙火。

雍闓起來造反，侵入益州邊境到處劫掠，永昌郡快被攻陷了。

孔明立刻去晉見後主說：「南蠻不服，終成國家大患，請讓臣領軍去征服南蠻。」

後主擔憂的說：「相父離朕而去，萬一吳、魏來攻，該怎麼辦？」

「曹軍前不久侵犯吳國失敗，兵力尚未恢復；東吳應該不會背棄盟約。我國現在兵精糧足，臣在各城郡關口都布下重兵，由優秀的將領鎮守著。又留關興、張苞兩路軍隊在國都隨時救應，請陛下放心！等南蠻歸順之後，臣就可以安心北伐曹魏，興復漢家天下，回報先帝三顧之恩，託孤之重。」

孔明剛說完，諫議大夫王連就進諫說：「不可！不可！蠻兵都是烏合之眾，丞相只須派一員大將即可平定南蠻。況且南方是不

毛之地，瘴疫之鄉，丞相肩負治理蜀國，興復漢室的重任，何必親征涉險呢？」

孔明解釋說：「南蠻就是因為太偏遠，尚未開化，所以才不容易收服。我親自前往征服，才方便見機行事，剛柔並濟，使他們心悅誠服的歸順我們，從此不再叛變。」

後主便說：「朕年幼無知，請相父考慮仔細，為朕下決定吧！」

孔明還是決定親征南蠻，隨即調度兵馬，令趙雲、魏延為大將總督軍馬，關羽的三子關索為前部先鋒，領兵五十萬朝益州方向出發。

孟獲聽說孔明率領大軍來征伐，要求朱褒、高定、雍闓三人，各領兵五、六萬，兵分三路先來對抗。高定取中路，雍闓在左，朱褒在右。高定派鄂煥做先鋒，鄂煥有萬夫不敵的勇氣，卻

急於表現，帶兵遠離大寨，來戰蜀軍。

魏延親自出陣，和鄂煥廝殺了一陣，假裝退卻，鄂煥乘勝追擊了幾里路，突然聽到人馬叫囂，原來蜀軍在半路攔截。前面的魏延又回過頭來夾攻，鄂煥腹背受敵，被魏延活捉了過去，押到孔明面前。

「將軍是誰的部下？」孔明問。

「高定的步將。」鄂煥回答。

「高定是忠義之士，他一定是被雍闓欺騙了，才會起兵作亂。我要放你回去，請高太守快快投降，免得招來殺身之禍。」孔明說著，一面幫鄂煥鬆開縛在身上的繩子，一面命人準備酒菜給鄂煥壓驚。

鄂煥辭別孔明，回去就把孔明的善意報告給高定聽，高定便對孔明有了好感。

雍闓一知道鄂煥被蜀軍俘虜，又被放回來以後，趕緊跑來找高定問個究竟。

「孔明想利用反間計來分化我們，使我們彼此不合。」雍闓說。

這時候蜀兵突然來挑戰，高定立刻親自帶兵去迎戰，雙方打得平分秋色。

第二天，高定先出兵去挑戰蜀軍，蜀軍卻接連三天不出來迎戰。第四天，雍闓、高定兵分兩路向蜀兵進攻，卻遭遇埋伏，許多士兵都被俘虜了。

這些俘虜被解送到孔明面前，孔明叫雍闓的兵站一邊，高定的兵站另一邊，然後傳令下去：「凡是高定的人一律釋放，雍闓的人全部殺死！」

雍闓的兵一聽到，全嚇得臉色發白。接著孔明卻又命令將雍闓的兵押到帳前來問話：「你們是

誰的手下？老實招來！」

「我們是高定的手下！」雍闓的兵為了活命，全部改口。於是這些俘虜就通通被釋放了。

接著，孔明又質問剩下來的俘虜，確定都是高定的部屬之後，就請他們喝酒吃肉，跟他們說：「雍闓今天派人來投降，表示要殺死你們的高將軍和朱褒當功勞，好讓三路兵馬歸他一人統領。我敬重高將軍的為人，所以沒答應他。你們回去以後要好自為之，再被我擒住，絕不寬恕！」

那些俘虜回去之後，把孔明的話告訴高定，高定立刻暗中派人到雍闓的營寨去偵察，果然聽到有人在稱讚孔明，表示出歸順之意。

高定又派探子來孔明的營寨探聽消息，卻被逮個正著，押到孔明的營帳來。孔明故意把高定派來的探子當作雍闓的手下看

待，說：「你們將軍和我約定好了，要獻上高定和朱褒的人頭，為何耽誤了約定的日期？請你們回去稟告雍闓將軍，別誤了大事。」說完就叫人拿出酒菜招待他們，並且拿出一封提醒雍闓要儘快下手的信，請他們帶去交給雍闓。

探子回去見高定，報告完被俘虜的經過，就將孔明寫給雍闓的信交出。高定一看，驚呼：「好險！我和朱褒的腦袋差點兒被雍闓給出賣了！」趕緊請鄂煥來商量對策。

「將軍當初是被雍闓煽動，才會跟蠻兵結盟造反。孔明率領的是仁義之師，我們不如殺掉雍闓，去投靠孔明，這才是上策！」鄂煥說。

「會不會中了孔明的反間計呢？」高定還有疑慮。

「我們準備酒席，請雍闓過

來喝酒，他如果沒有異心，肯定會來；他要是心懷鬼胎，當然不敢來囉！我們就前後包抄殺過去。」鄂煥說。

於是高定就備妥酒席，差人去請雍闓，雍闓聽過被孔明釋放的手下報告之後，擔心會被高定出賣，就推說有事不能去。高定一得到回覆，立刻率領兵馬，出其不意的殺向雍闓的營寨，雍闓還來不及抵抗，就被鄂煥殺了。

高定領著自己和雍闓的部隊，提著雍闓的人頭來見孔明，表示真心投降。孔明卻怒騰騰的喝道：「把高定拉出去斬了！」左右刀斧手押住高定，高定連忙向孔明解釋：「我殺了雍闓，真心來投降，丞相為什麼要殺我？」

「你是來詐降的，騙不了我的！」孔明一面說，一面拿出信函給高定看。「朱褒這封降書上說你和雍闓是生死之交，你怎可能

輕易殺了他呢？」

「這是朱褒的反間計，丞相別讓他欺騙了！」高定心急的說。

「可是你們各執一詞，我實在難辨真假！」孔明冷冷的說。

「請丞相讓我去殺了朱褒，獻上人頭，以表真心！」

「好！你如果能協助我平定益州，就請你擔任益州太守！」孔明說完就釋放了高定。

高定立刻率領大軍殺向朱褒的大本營，朱褒猝不及防，糊裡糊塗的就被鄂煥殺了。朱褒的殘餘兵馬不敢反抗，盡皆投降。

孔明看見高定提著朱褒的人頭，統領三路軍馬回來，笑著對高定說：「我故意激發你去刺殺這兩個叛賊，你果然成功了！」於是就命高定即刻領兵上任益州太守，統領三郡，由鄂煥擔任副將。

平定益州叛變之後，孔明就

差人四處打聽，得知永昌郡的高士呂凱曾經深入南蠻，就親自登門拜訪，請教平定南蠻的高見。呂凱獻出一張「平蠻指掌圖」，圖上標明南蠻地形和可以屯兵交戰的位置。孔明大喜，就請呂凱擔任行軍教授兼嚮導官，隨即下令朝南蠻之地前進。

南蠻王孟獲聽到孔明連番用計，沒犧牲多少兵馬便收服了益州的消息，異常震驚，急忙召集手下的三洞元帥來商量對付孔明的方法。三洞元帥志願領五萬蠻兵，分三路攻擊蜀軍。那三洞元帥都很輕敵，雙方交戰沒幾回合，金環三結元帥就被趙雲殺了，董荼那元帥和阿會喃元帥則被孔明設計生擒。蠻兵沒被俘虜的都四散奔逃。

被生擒的兩名元帥原本以為這下必死無疑了，沒想到孔明卻親自替他們鬆了綁，還請他們喝

酒、送衣服給他們。兩名番將死裡逃生，還得到禮遇，內心對孔明都十分感激，表明願意歸順蜀漢。孔明小聲叮嚀他們一些話之後，便讓他們回去了。

「孟獲吃了敗仗，改天必定會親自領軍來廝殺，一定要設法將他生擒過來！」孔明對部將們說完，便開始吩咐計策，一切安排妥當，便說：「大家按照指示，開始去布置陣勢吧！我在大營安排慶功宴等大家。」

第二天，孟獲果然率領大隊蠻兵，奔殺過來，來到蜀軍的陣前，觀察過孔明布下的陣勢，便對部下們說：「傳說孔明精通兵法，用兵如神，可是我瞧他擺的陣勢雜亂無章，隊伍散漫，沒有一樣能勝過我！早知道孔明這麼無能，我應該直攻蜀國心臟，將後主取而代之。誰要先去展現一下我軍威風，擒一名蜀將回來？」

　　孟獲剛說完話，身邊的番將已經提著一口大刀，領軍衝出去和王平、關索的軍隊廝殺起來。打沒幾回合，王平假裝不敵，下令撤退。

　　孟獲見部屬打勝，下令全軍乘勝追擊，一連追了二十里。當孟獲正準備要廝殺的時候，忽然兩邊爆出一陣喊殺聲，原來是蜀軍的兵馬從兩側殺了過來。孟獲的退路就被阻斷了。

　　王平和關索突然下令回過頭再度廝殺，孟獲腹背受敵，前進無路，後退無門，狠下心衝殺出一條血路，卻又遭遇到趙雲的軍隊，連忙找了一條小路逃走，逃到山中，卻被魏延堵住，擒了個正著。

　　魏延用粗繩將強悍似虎的孟獲捆得結結實實，綁在馬背上，帶回孔明的大營。

　　孔明早就命人殺牛宰馬，在

大營擺好了慶功宴等候著。

　　孔明當著孟獲的面前，叫士兵將被俘虜的無數蠻兵通通鬆綁，準備酒菜給他們吃，等他們吃飽喝足，又將剩餘的酒食米糧分給他們，對他們說：「你們都是安分守己的百姓，只是被孟獲所逼迫才會造反。相信你們家中的父母妻子，早就盼望著你們回去，倘若知道你們打敗仗，生死未卜，一定會因為家庭破碎而哭斷肝腸。我現在就放你們回去跟家人團聚，好讓他們早日安心！」

　　蠻兵撿回一命，又得到賞賜，無不感激涕零，拜謝過孔明之後才欣幸萬分的回家去。

　　等蠻兵一走，孔明就下令把孟獲押上來，厲聲責備他：「蜀漢的皇帝向來待你不薄，你為何起兵造反？現在被我捉住了，服不服氣？」

　　孟獲裝出一副不怕死的表

情，說：「不服氣！益州本來就是我們祖先的土地，我想去搶回來，怎能說是造反！再說，這回你們並不是憑真本事打敗我的，是我自己走錯路，才會被你們捉來的。」

「既然你不服氣，我就放你回去，怎麼樣？」孔明說。

「好！如果你敢放我回去，讓我重新整頓兵馬，再來和你一決雌雄，到時候若是能捉住我，我才會服氣！」

於是孔明就叫人解開孟獲身上的繩子，給他新衣穿，請他吃一頓酒食，還準備了一匹馬讓他騎回去。

「孟獲是南蠻的頭子，只要捉住他，就沒有人帶領蠻族作亂了。丞相為何要放他回去？」孔明座下的將領不解的問道。

「我要擒孟獲，就像探囊取物一樣容易！只是要馴服他，讓

他真心投降，再施以德政，南蠻才會真心歸順，不再造反。」

孔明說得很肯定，可是將領們卻覺得不需要大費周章。

孟獲快馬加鞭要逃回蠻洞，來到瀘水邊，趕上了那些被孔明釋放的手下，大家都驚喜的下拜問道：「大王是怎麼逃脫的？」

「孔明派一隊不中用的士兵看住我，我趁半夜鬆脫了身上的繩子，將他們全數殺光，奪了一匹馬就逃回來了！」

孟獲一回到蠻洞，立刻召來各洞的酋長，很快就聚集了十多萬失散的蠻兵，準備重新對抗蜀軍。董荼那和阿會喃兩位元帥雖然敬畏孔明，但是更懼怕孟獲，只好帶領族中的戰士來參加軍事會議。

孟獲說出自己的計畫：「我已經看穿諸葛亮的計謀！只要不和蜀軍打伏，就不會中他的詭計！」

「不打仗，那不就是要逃走，或是投降？」眾酋長異口同聲說。

「你們實在不懂兵法！」孟獲自信滿滿的說：「蜀軍大老遠來到此地，早已人困馬乏，如果我們把渡河的工具通通拖到瀘水南岸，堅守瀘水這一道天然屏障，再加上現在是炎熱的五月，蜀軍久攻不下，就算不熱死也要餓死！」

眾酋長都欣然同意，立刻依計而行，並且在瀘水南岸築起一座土城，沿著山勢建造瞭望塔，架設弩箭砲石，並且囤積許多糧食，準備和蜀軍長期對抗。孟獲認為這下子可以高枕無憂了，天天只顧著在城中飲酒。

孔明早就料定孟獲一回到蠻洞，必定不敢再來挑戰，於是就率領大軍深入蠻荒山區，朝孟獲的蠻洞前進。來到瀘水邊，前哨

兵來報告說：「瀘水水流湍急，而且這一帶都找不到可以渡河的船隻。」

孔明聽到報告，就親自到瀘水邊觀察，看到孟獲將渡河的船隻都拖到南岸擺著，還在南岸一帶依山築起一座土城，似乎想堅守南岸，不和蜀軍交戰。

孔明知道孟獲存心和蜀軍打消耗戰，想好了計策，就下令先將兵馬糧草分散在樹林間避暑，然後派使者帶著一封密信，趁半夜撐木筏到瀘水南岸，找阿會喃和董荼那兩位元帥密商。

使者回報說孟獲天天躲在城中喝酒，一喝醉就借酒裝瘋，把兵敗被俘的怒氣發洩在手下身上，被他毆打辱罵過的手下，多得數不清。

「等著看吧！這回不費一兵一卒就能擒住孟獲。」孔明一宣布，諸位將領都十分懷疑。

　　過沒幾天，阿會喃和董荼那果然策動那些被孔明釋放的蠻兵，和被孟獲毆打辱罵過的蠻兵，趁孟獲酒醉將他細綁住，大隊人馬帶著不省人事的孟獲，乘船渡過瀘水來到蜀軍的營寨投降。孔明一一給予賞賜，暫時收編為麾下＊。

　　孟獲酒醒之後，感覺手腳被綁得死死的，以為自己在作夢，睜開眼睛一看，孔明正面露微笑，坐在他前面。

　　「我怎麼會在這兒？」

　　「你的部下送你來的，這回你總該投降了吧？」

　　「你是用詭計才捉到我的，我不甘心！」

　　孔明軟硬兼施的勸說，孟獲卻死也不肯投降。於是孔明就帶他去參觀蜀軍囤糧紮營的地點，

＊麾下　將帥的部下。

然後勸他說:「蜀漢國勢強盛，兵精糧足，你根本不是對手！不如真心歸順，我一定稟報皇上，讓你繼續當南蠻王。」

孟獲想了想，說:「我想歸順，各蠻洞的酋長卻不見得肯。丞相如果放我回去，我一定會勸他們早日投降。」

孔明大喜，於是就招待孟獲吃喝一頓，才送他回去。

孟獲一離開，孔明立刻召集將領們來說:「孟獲必定會來偷襲，要嚴加防範。」

孟獲回到他的老家銀坑洞，跟他的弟弟孟優說:「蜀軍的糧草和兵器都集中在大營背後的樹林中。你黃昏時帶領一百多人，假裝幫我去送禮給孔明，孔明必定會留你過夜。等到半夜，眾人就偷偷燒掉他的糧草和營寨，我一見起火，就趁亂衝殺進去，一定可以將蜀軍趕盡殺絕。」

　　孟優大大稱讚孟獲一番，第二天就依計領著一百多名蠻兵，帶著無數金珠、象牙、犀角等寶物，渡過瀘水要來拜見孔明。

　　孔明早就猜透孟優的來意，先將應付的計策吩咐趙雲和馬謖，隨後就宴請孟優。孟優和手下幾杯酒下肚之後，突然都全身發軟，一個個倒地不起，被綑綁起來。

　　將近半夜，孔明將兵馬布置妥當，就叫人在大營四周焚燒柴堆，引孟獲來自投羅網。孟獲一看見火光，以為孔明中計了，喜不自勝的領著大隊人馬渡過瀘水，直奔蜀軍的大營，卻在半路被埋伏的蜀軍團團包圍。孟獲知道自己又被孔明算計了，拼命死戰仍然逃不出重圍，最後只好棄械投降，乖乖束手就擒。

　　孟獲第三次被綁去見孔明，孔明對他說：「你派孟優來送禮，

假意投降，想裡應外合，乘機放火燒了我的糧草和器械，讓你趁亂殺進來。計策不錯，可惜我一眼就看穿了！這回可是你自己送上門來的！你的手下都誠心歸順了，你也該誠心歸降了吧？」

「我手底下最強的軍隊都還沒出動呢！丞相如果敢放我回去整頓兵馬，雙方好好打一仗，要是我輸了，自然會誠心誠意的歸順蜀漢皇帝。」孟獲大言不慚，一點也不怕死。

孔明見孟獲依然不服輸，於是就放他回去。隨即整頓蜀軍，乘坐孟獲軍隊留在岸邊的船渡過瀘水，深入南蠻境內，在西洱河南岸結營下寨。

孟獲回到銀坑洞，為了洗雪三次被俘虜的恥辱，就拿出洞中聚積的寶物，到各個蠻洞去借來十幾萬赤裸上身的蠻兵，怒沖沖的來向蜀軍挑戰。

　　孔明見蠻兵來勢洶洶，下令諸將領堅守營寨，不准出戰。等到蠻兵懈怠之後，才用誘敵之計分散蠻兵的力量，將他們打得潰不成軍，第四度擒住孟獲。

　　孔明將投降的、被俘虜的蠻兵勸服後，就遣散他們回本鄉，可是孟獲依舊死也不肯歸降。

　　「好好考慮吧！再不歸順蜀漢，我就要率領大軍去踩平你的老巢了！」孔明為了讓孟獲真心歸順，又放他回去。

　　孟獲和孟優怕再被孔明擒住，不敢繼續在銀坑洞住下去，就收拾洞中的寶物，帶著殘兵到西南方山區的禿龍洞，去找老朋友朵思大王。朵思一聽孟獲來到，欣喜萬分的設宴迎接。當他聽過孟獲的來意，就拍著胸脯說：「大王放心！從山下要上來我的禿龍洞只有兩條路，我命手下從山上滾下巨木大石，阻斷好走

的大路。蜀軍只能走那一條到處是瘴氣毒泉的小路，保證讓他們一個個中毒身亡，全軍覆沒。」

孟獲大喜，就在禿龍洞住下，兩兄弟天天和朵思飲酒作樂。

孔明收服了不少蠻兵當情報員。在得知孟獲躲在禿龍洞的訊息後，馬上下令整軍朝禿龍洞進發。

此時正當六月盛夏，南蠻山區酷熱無比，瘴氣又重，蜀軍生病的人數漸漸多起來。王平帶領一支降服的蠻兵當前哨，來到禿龍洞的山下探路，發現上山的大路已被阻斷。等找到密林間的上山小徑時，大家隨身帶的水都喝光了，紛紛舀小徑旁的泉水解渴，沒想到卻一個個中了毒，變成啞巴。孔明連忙請呂凱來詢問原因。

呂凱說:「聽說這附近有數道

毒泉，他們一定是喝到了『啞泉』，得趕快設法解毒，不然過幾天就沒救了！」

「先生知道解毒的方法嗎？」

「不知道。如果請教住在附近的人家，或許可以找到解毒的方法。」

孔明立刻派出士兵四處打探，得知西方數里處有一戶人家，隨即帶領中毒的兵將登門拜訪，果然得到解泉毒和瘴毒的藥草，化解了蜀軍的危機。

孔明知道要攻打禿龍洞實在太冒險了，就派趙雲先去攻打附近的銀治洞，收服了洞主楊鋒，再教楊鋒帶蠻兵三萬到禿龍洞，佯裝要去助陣。

朵思大王和孟獲得知蜀軍安然無恙的朝著禿龍洞進兵，大為震驚，正準備展開伏擊時，突然手下來報告：「山後銀治洞洞主楊鋒帶五個兒子，率領三萬兵馬來

到，說要來為大王助陣。」朵思大喜，立刻下令擺開酒席招待楊鋒和他的五個兒子。

眾人喝酒喝到半酣，楊鋒忽然大喊一聲，他的兒子們立刻就下手制伏了孟獲兄弟和朵思大王。禿龍洞的兵馬聽說洞主被擒，頓時亂了陣腳，在銀冶洞和蜀軍的夾攻下很快就投降了。

孟獲第五次被縛住，押來孔明面前。

「丞相收買我們的人來捉住我，利用這種小人的手段要我投降，我怎能心服口服呢？除非是在我的老巢穴捉住我，否則我絕不甘心投降！丞相要殺便殺吧！」孟獲一見到孔明就先聲奪人。

孔明見孟獲還是不願投降，就用威脅的語氣對他說:「你回去吧！我要去攻占你的老巢穴銀坑洞了。」

孟獲一回到銀坑洞，就集結

殘餘的兵力，請朵思大王鎮守洞前的三江城。

孔明率領蜀軍來到三江城，遠遠的觀察，發現城的三面臨江，只剩一面陸路可以攻城，就派趙雲、魏延領兵由陸路進攻，來到城下，冷不防城上射下飛蝗般的毒箭，中箭的士兵馬上就毒發身亡。

孔明知道毒箭屬害，火急下令收兵，後退數里紮營。蠻兵以為蜀軍撤退了，連日在城中開慶功宴，狂歡飲酒。

第六天黃昏，潛伏在三江城內的降兵傳來消息，說城內的守軍連日大醉，防衛已經懈怠。孔明得到消息，立即召來先鋒部隊的將領，要他們傳令下去:「士兵每人割下衣襟一塊，包土一包。」

初更時分，孔明下令:「先鋒軍帶著土包在三江城下點名，先到的有賞。」

　　一聲令下，蜀軍和降兵共十幾萬人個個爭先恐後，將土包堆疊在三江城下，才片刻就積土成山，築成一條通往城上的土梯。城上的守軍還來不及發射毒箭，蜀軍已經攻入城中。經過一夜的廝殺，朵思大王陣亡，蜀軍占領了三江城。孔明將滿城的珍寶拿來論功行賞，全數分賞給蜀軍。

　　孟獲一聽到三江城被攻破，心知蜀軍就要來攻打銀坑洞了，趕緊召集手下商議應對之策，最後決定要詐降。

　　第二天孔明正要下令進攻銀坑洞時，侍衛進來報告：「孟獲的妻弟帶來洞主勸孟獲投降，孟獲不肯，於是就將他的宗族數百人都反綁起來，押來營門外要獻給丞相。」

　　孔明於是派兩千名士兵埋伏在兩側，然後下令放孟獲族人進營。

　　孟獲宗族數百人來到孔明面前，都下拜表示願意歸順蜀漢。孔明卻大喝一聲：「給我拿下！」埋伏的兩千士兵忽然衝出，捉住孟獲一干人，綁起來。

　　「通通帶出去砍了！」

　　孟獲聽到孔明下令斬首，情急之下大喊：「丞相太霸道了！我們是真心來投降，為什麼要殺害我們？」

　　「你們來詐降，想趁機殺掉我和諸將領，這種詭計如何騙得過我！」孔明說著就下令搜身，果然從孟獲等人身上搜出大批短刀。

　　孔明就問孟獲：「你前次說如果在你的老巢穴擒住你，你就甘心歸降，現在你還有什麼話說？」

　　孟獲竟然還不屈服，說：「這次是我自己來送死的，並不是被你擒住。」

　　「你已經是第六次成為我的

俘虜了，還想怎麼樣？」

「如果第七次被丞相擒住，我就傾心歸順，發誓終生不再反叛！」

「你的老巢穴都被我破了，我還怕擒不到你嗎？到時候再支吾其詞，不肯投降，我就要滅了你的宗族！」孔明對孟獲下達最後通牒。孟獲等人撿回一命，連忙抱頭鼠竄逃回去。

回去的路上，孟獲對眾人說：「孔明實在太厲害啦！現在我們只有投降和決一死戰這兩條路可走了！」

孟優說：「南蠻軍隊不是歸順蜀漢，就是解甲歸鄉，兵力幾乎被孔明瓦解了，剩下我們這些殘兵敗將，如何和蜀軍決戰？」

「在我們東南方七百里處有一個烏戈國，國王兀突骨專吃毒蛇猛獸，力大無窮。他手下有三萬多藤甲兵，身上所穿的藤甲遇

水能浮，刀槍不入。若能借到藤甲兵，必能打敗蜀軍。」孟獲的妻弟說。

於是孟獲就帶著洞中剩餘的寶物，去烏戈國借兵。兀突骨聽過孟獲的哀告後，對孔明十分憤怒，親自率領三萬藤甲兵來向蜀軍挑戰。魏延領兵出戰，不料對方所穿藤甲堅韌無比，竟連飛矢利刃都穿不透。魏延見蜀軍失利，緊急下令退兵。

孔明知道要戰勝藤甲兵，只能智取，不能力敵，在觀察過周圍地形之後，就命魏延連番詐敗，將藤甲兵引到盤蛇谷，接著從山谷上方推下橫木亂石堵住兩側谷口，然後引燃谷中埋設好的地雷砲火，將藤甲兵全數燒盡。

孔明在山頂看著三萬藤甲兵被活活燒死的慘狀，不禁垂淚嘆息說：「烏戈國倘若被滅種，都是我的罪過！我雖有功於社稷，卻

不免折壽呀！」左右將士聽了也都感嘆不已。

孟獲見三萬藤甲兵盡滅，知道再也沒有退路，只好帶領族內的殘兵敗將，跪在蜀軍大營門口求見孔明，表示要誠心歸順。孔明卻派趙雲出來對孟獲說：「丞相自覺殺戮太重，羞於見人。你可以回去招兵買馬，再來一決勝負。」

孟獲淚流滿面說：「對敵人七擒七縱，是自古以來不曾聽說的事。丞相對我實在太仁慈寬厚了！我雖然是蠻人，也知道禮義，怎能如此不知羞恥呢！」於是帶著族人跪地謝罪。

孔明這才走出營門，對孟獲說：「蠻王心服了嗎？」

孟獲指著天發誓說：「南蠻從今歸順蜀漢，不敢再有反叛之心！」

孔明平服南蠻之後，命孟獲

繼續當蠻王，囑咐他要勤政愛民，推廣農業。又派呂凱統領邊界四郡，協助教化南蠻。等一切安排妥當之後，就下令班師回朝。

13 出師未捷

　　孔明率領大軍回到成都，後主排開鑾駕*出城三十里來迎接。又設宴犒賞三軍。從此以後，西南的蠻邦都來朝貢，朝野氣象和樂昇平。

　　在孔明遠征南蠻的一年多期間，魏國皇帝曹丕感染寒疾，藥石罔效。孔明南征回來不久，就接獲曹丕臨終，向曹真、陳群和司馬懿託孤的消息，便想趁機北伐魏國。

　　「魏主曹叡一上任，就讓文武兼備的司馬懿掌握兵權，如果現在不伐魏，一旦司馬懿練兵有成，必成蜀漢的大患。」

　　孔明說完，滿朝文武都認為蜀軍剛南征回來，軍隊疲憊，應

　＊鑾駕　帝王的座車。

156

當先養精蓄銳。於是孔明就採用馬謖的離間計，暗中派人到魏國去散布司馬懿懷有異心的謠言和假象，年輕智淺的曹叡果然中了計，撤去司馬懿的官職。

孔明得知司馬懿被撤職的消息，便呈上〈出師表〉，表明自己時時刻刻為了報答先主的知遇之恩，以消滅逆賊，恢復漢室為己任的赤忱忠心，並請求後主准許他出兵北伐魏國。

後主滿臉關懷的對孔明說：「相父南征回來，元氣尚未休養好，就要去北伐，朕恐怕您會太勞累了！」

孔明堅決的說：「先帝將光復漢室的重任託付給臣，臣二十一年來日夜努力，才只達成一半。現在南方已平，沒有後顧之憂，臣如果不趁這大好時機進兵中原，恐怕在有生之年，都無法完成先帝託付的使命。」

　　於是後主就命孔明率領三十萬大軍去討伐魏國。

　　孔明派趙雲當先鋒，日夜不停北上。曹叡得知孔明領軍來攻，大驚失色，火速派夏侯楙帶兵二十萬去抵抗。夏侯楙抵擋不住蜀軍的攻勢，兵敗被蜀軍俘虜。就在蜀軍勢如破竹之際，魏國小將姜維卻接連用計，化解了蜀軍的攻勢。

　　孔明見姜維深諳用兵之道，起了愛才之心，讚嘆說：「兵不在多，而在人如何去調遣。像姜維這樣的將才，實在難找啊！」

　　孔明打聽到姜維是個忠孝兩全的奇才，想把姜維收為麾下，將自己畢生所學傳授給他，便放了夏侯楙，並用計使他不信任姜維，姜維最後走投無路，只好投降孔明，並且尊孔明為師。隨後蜀軍順利攻占了三郡，來到了祁山。

曹叡得知夏侯楙失利，又派曹真率兵去抵禦蜀軍。曹真請西羌派出用鐵片連結車輛，以驟馬為動力的「鐵車兵」來對抗蜀軍，蜀軍不敵，一再失利。孔明於是在雪地中設下陷阱，並在姜維的幫助之下，終於坑陷了「鐵車兵」，隨即大破曹兵。曹叡逼不得已，只好採納大臣鍾繇的建議，恢復司馬懿的官職，並加封為平西都督，統領魏軍去對抗已經攻到渭水的蜀軍。

孔明得知司馬懿重掌兵權的消息，擔心的說:「街亭是我軍糧食運補的咽喉，司馬懿必定會設法攻取街亭。何人能守?」

參軍馬謖自願前往，並立下軍令狀為擔保。孔明深信馬謖的才能，撥給他二萬五千士兵，再三叮嚀之後，還派將軍王平協助他。

司馬懿果然如孔明所料，率

領十五萬大軍直攻街亭。馬謖剛愎自用＊，既沒遵照孔明指示，也不聽王平勸告，執意將重兵駐紮在山上，卻被司馬懿大軍圍住，斷了取水之路，因此打了敗仗，街亭就被魏軍占領了。

人在西城的孔明一接到街亭失守的消息，立刻仰天長嘆說：「大勢去矣！先主曾對我說馬謖這個人常愛誇口，言過其實，不可過於倚重，是我失察啊！現在街亭被魏兵占去，我軍運糧要道已斷，再不緊急退兵，三十萬蜀軍恐將餓死在北方啊！」於是下令蜀軍依序撤回漢中。

孔明在西城指揮調度，就在蜀軍快要完成撤退的時候，忽然接連十幾趟探馬來報告，說司馬懿領十五萬大軍殺向西城來了。這時孔明身邊並無大將，城中也

＊剛愎自用　性情倔強，固執己見。

只剩二千五百名士兵，眾人一聽到司馬懿打來的消息，都大驚失色。

孔明登上城樓眺望，果然塵土沖天，魏軍就快殺到了。他暗自思量：這時要緊急撤退已經來不及，只好冒一次險，用「空城計」來唬住司馬懿。

想好計策，孔明立刻下令：「將軍旗全部藏起來，所有官兵都坐在城邊守望，不許高聲交談，不許隨便走動，違令的人一律處斬。把四面的城門都打開，每一個城門口都派二十名士兵，裝扮成老百姓的模樣在那裡掃地，就算魏兵來到城門口時，也不可擅自行動，我自有妙計。」

任務分派完畢，孔明自己就披著鶴氅，戴著綸巾，領兩名童子抬著一架古琴登上城樓，並點起一爐香。孔明在城樓上彈琴，小童在兩旁伺候。

　　司馬懿的前鋒部將趕到西城下正準備廝殺，不料卻看見孔明一派悠閒的模樣，城中的居民也是若無其事的樣子，馬上被唬住了，怕中了埋伏，不敢殺進城去，只好回馬去向司馬懿報告。司馬懿聽到了，笑著不肯相信，就下令大軍停止前進，等他去看個究竟再說。

　　司馬懿快馬奔到城下遠遠的觀察，果然看見孔明坐在城樓上，焚香彈琴，臉上滿是笑容。城內城外的百姓也是安閒自得，彷彿魏軍並不存在一般。

　　司馬懿觀察過之後，不禁疑神疑鬼起來，他斷定孔明已在西城內外埋下伏兵，等著給魏軍迎頭痛擊，趕緊下令大軍沿著北山撤退。

　　司馬懿的次子司馬昭看見父親下令撤退，就問：「會不會是諸葛亮沒有軍隊，故意設計讓我們

猜疑，父親何必這麼快就下令退兵？」

司馬懿回答：「諸葛亮為人謹慎，絕對不會做那種冒險的事。現在城門大開，必定會設埋伏。我軍如果攻城，正好中了他的計謀。還是先退兵再做打算！」

孔明看見魏軍遠去，高興得拍手大笑。他的部下都嚇得冒出一身冷汗，疑惑的問：「聽說司馬懿能征善戰，今天領十五萬大軍來攻城，為何一見到丞相卻急忙退兵？」

孔明說：「司馬懿知道我從不做冒險的事。如今我這樣一布置，反而讓他疑心有大軍埋伏，故意引他上鉤，所以就退兵了。」

眾人都不禁佩服的說：「丞相真是神機妙算！如果換成我們，早就棄城逃走了！」

「我們快準備退回漢中吧！我早就派關興、張苞埋伏在北

山，給魏軍迎頭痛擊，好讓我們能夠安然撤退。」

孔明第一次北伐經歷了一年多，最後功敗垂成，肇因於馬謖大意失去街亭。孔明為了維護軍法的嚴明，不得已含淚斬了馬謖，又上書給後主，請求自貶官職三等。後主於是下詔貶他為右將軍，仍舊掌管丞相的事務。

孔明為了早日完成先主託付的大業，就留在漢中礪兵講武＊，製造攻城渡水的器械，囤積糧草，準備再北伐魏國。同年九月，吳、魏兩國交戰，魏軍大敗，孔明覺得漢中兵強馬壯，糧食充足，決定趁機伐魏，於是再度呈上〈出師表〉。

後主讀表後，就命孔明領兵三十萬，二度伐魏。這時七十一

放大鏡

＊礪兵講武　磨利兵器，講習武術、戰術。指積極準備戰事。

歲的趙雲剛去世，孔明就派魏延當先鋒，直攻陳倉道口。

司馬懿一早就料到孔明會趁機由陳倉攻魏，派郝昭把守陳倉，預先築好防禦的城牆，深溝高壘，守勢嚴謹，因此蜀軍一時無法攻克。孔明於是採納姜維的計策，調度大軍襲擊祁山，擊敗魏國大都督曹真，逼得曹真堅守營寨，不敢出戰。蜀軍雖然戰勝，但是軍糧無以為繼，只好乘勝退兵。

隔年，吳王孫權在文武百官的擁戴下，登基當皇帝。孔明奏請後主派人送重禮給孫權祝賀，並且約定兩國共同伐魏。這時孔明聽說把守陳倉城的郝昭病重，便乘機出兵，攻占了陳倉和建威，率領蜀軍第三次來到祁山。後主得知，為了獎賞孔明，立即下詔恢復孔明丞相的職位。

魏皇曹叡得知蜀軍再度逼近

長安，因為大都督曹真臥病在床，曹叡只好命司馬懿代理大都督的職位，統領大軍去和孔明決戰。司馬懿深知孔明的謀略比自己高明，想拖延時日，讓蜀軍耗盡糧食，就令魏軍堅守營寨，不准出戰。

孔明見司馬懿不出兵，便用欺敵之計，命軍隊拔去營寨，假裝撤退。魏軍先鋒張郃見狀，以為蜀軍糧盡退兵，想趁機追擊，然而司馬懿卻十分沉得住氣，仍舊不肯出兵，最後經不起張郃的一再要求，只好讓他帶兵去追趕蜀軍，不料卻在半途中了埋伏。張郃拚死力戰，無法脫身，司馬懿揮軍趕來救援，孔明就趁機派姜維、廖化暗中去偷襲魏營，讓司馬懿一時亂了陣腳，魏軍因此大敗。

蜀軍這一戰擄獲無數戰馬、器械。正當孔明想乘勝進擊的時

候，卻從成都傳來大將張苞病死的噩耗，孔明忍不住悲痛，當場放聲大哭，吐血昏倒。軍醫雖然救醒了孔明，孔明卻一直臥病不起，唯恐蜀軍不利，就下令暗中撤退回漢中。

等蜀軍退兵五日之後，司馬懿才得到消息，就吃驚的對座下的將領們嘆道：「孔明用兵真是神出鬼沒，我實在不如他呀！」

孔明回成都養病，讓蜀國大軍鎮守漢中。過了一年，魏國大都督曹真病情好轉，他唯恐兵權被司馬懿全權掌握了，就以蜀國屢次進犯魏國為理由，上表請求伐蜀，以絕後患。曹叡就命司馬懿為征西副都督，協助曹真攻伐蜀國。

這時孔明的病也痊癒了，正準備第四次討伐魏國。孔明得知魏國即將入侵，夜觀天象，斷定幾天之內會降下豪雨，所以並不

急於出戰。接著果然降下一整個月的豪雨，魏軍才到陳倉就被大雨困住，不得不退兵。孔明於是領兵四出祁山，大破魏兵。司馬懿抵擋不住蜀軍，堅守營寨不出戰，還利用蜀國降將回去成都，散播孔明倚仗功大，想要篡位的謠言。後主竟然誤信謠言，緊急下詔宣孔明班師回朝，孔明只好無奈的退兵。

隔年孔明第五次出兵伐魏，司馬懿再度奉命出師抵禦蜀軍。蜀軍極力奮戰，打敗了魏軍，還設計射殺張郃等數十名將領。孔明正想揮軍奮進，不料負責運糧的李嚴耽誤了日期，怕蜀軍糧食接濟不上，居然派人傳送吳國入侵蜀國的假消息給孔明，害孔明再度無功而返。

三年過後，孔明計畫第六次伐魏，於是入朝稟奏後主：「我軍已休養教戰三年，糧草充足，軍

器完備，可以伐魏了。這次倘若不能掃清逆賊，恢復漢家聲威，臣誓不回來見陛下！」

後主回答：「現在三國鼎足而立，吳、魏兩國又不曾入侵，相父何不安享太平，免受軍旅勞苦？」

「臣受先帝大恩，沒有一天不在設想如何伐魏。能為陛下掃蕩中原，興復漢室，才是臣畢生的大願啊！」

孔明決心伐魏，太史＊譙周出面勸阻說：「近來有鳥群從南方飛來，投入漢水而死；成都百姓常聽到柏樹夜哭，這都是不祥的預兆！臣夜晚觀察天象，發現北方的運氣比較旺盛，這個時候北伐魏國，對我們比較不利。請丞相暫時不要出兵！」

孔明還是堅持要出兵伐魏，

 放大鏡

＊太史　官名，編載歷史兼掌天文曆法。

在祭祀先主的昭烈廟前，流淚拜告說：「臣五出祁山，未得寸土，負罪不輕！臣如今要統領大軍，再出祁山，誓必剿滅漢賊，恢復中原，鞠躬盡瘁，死而後已！」

幾天後，孔明領蜀軍三十四萬，分五路進兵伐魏。司馬懿第六次奉命抵禦孔明，率領四十萬大軍來到渭水濱下寨，深溝高壘，按兵不動，打算等蜀軍糧食耗盡才要出兵決戰。

孔明知道蜀軍遠來，久戰不利，想用佯攻誘敵之計突破魏軍的防守線，卻被司馬懿識破，設下埋伏襲擊蜀軍，這一伏讓孔明損失了一萬多的兵馬。接著司馬懿用詐降之計，想誘殺蜀軍，也被孔明識破，暗中反制，讓魏軍吃了一場敗伏。

孔明知道司馬懿能力不亞於自己，蜀軍短時間難以取勝，於是一方面請費禕赴吳國遊說孫權

出兵伐魏，一方面利用自己設計的木牛流馬*，在劍閣和祁山大寨之間往來搬運糧食。

孫權也認為這是攻魏的好時機，就起兵三十萬入侵魏國。魏帝曹叡決定親自領兵抵禦吳國，就命司馬懿堅守防線，避免和蜀軍交戰。

孔明見司馬懿防守嚴密，也有長久占領祁山的打算，便命令蜀兵跟魏國百姓一起種田，軍得一分，民得二分，魏國百姓都安居樂業。

司馬懿得知孔明屯田的消息，仍舊堅守陣地，不肯輕易出兵。於是孔明就命馬岱在上方谷造木柵，掘深溝，溝內堆積乾柴引火之物，然後命魏延詐敗引誘司馬懿入谷，隨即引燃地雷柴

 放大鏡

＊木牛流馬　諸葛亮所製造運輸兵糧的工具，有機關可以自行運作。

火，谷內頓時霹靂四起，火勢沖天。

司馬懿父子三人一時不知所措，以為必死無疑，正相擁哭泣時，突然下起大雨，滅了火勢。三人趕緊逃回大營，堅守不出。

孔明自己領一支軍隊，屯駐在五丈原，他想激怒司馬懿出來決戰，就派人送婦人的服裝去魏營給司馬懿，司馬懿卻絲毫不動怒，問來使孔明的近況。使者據實以告，司馬懿聽完便對眾人說：「孔明做得太多，吃得太少，恐怕是活不了多久了！」

使者回去之後，把司馬懿的話告訴孔明，孔明不禁嘆息說：「司馬懿真是太了解我了！」

孔明對軍中無論大小事，都要親自決斷處理，以致太過勞累，精神愈來愈困頓。身邊的人都勸孔明不必親自處理瑣碎的事物，孔明回答：「我也想好好休養

身體，只是深受先帝託孤大責，唯恐別人不及我這般盡心啊！」

過不久，孔明聽到東吳被曹叡擊敗，已經退兵的消息，愈加的心神不寧。自知病情越來越嚴重了，就將自己寫成的兵法二十四篇，和一次可射出十支箭的「連弩法」傳授給姜維。接著又召集部屬，流淚勉勵他們要同心協力，幫助後主興復漢室。一切交代完畢，就命左右扶他上車，出營帳去巡視各營區，忽覺秋風吹面，徹骨生寒，不由得流淚長嘆：「此生再也不能臨陣討賊了！蒼天哪！為什麼不多給我一些時間呢？」

孔明回到營中，就寫下遺書，請楊儀代他呈給後主，並且叮囑他：「我死後不可以發喪，軍中要一切如常。我軍要靠姜維斷後，緩緩退兵，不可急躁，以免讓敵人知道了我的死訊。」說完後

不久就過世了。

等司馬懿得知孔明的死訊以後，蜀軍早已退得遠遠。司馬懿不禁鬆了一口氣，對眾將說：「孔明已死，我們可以高枕無憂啦！」

後主照孔明的遺願，將他安葬在定軍山，降詔諡號※「忠武侯」。後來姜維繼承了孔明的遺願，趁著司馬懿父子在魏國與曹氏皇族爭奪兵權的時機，五度北伐魏國，但都無功而返。

後主失去了孔明的輔佐，逐漸沉迷在享樂的日子中，淡忘掉興復漢室的使命。三十年不到，司馬昭掌權的魏國入侵蜀國，後主劉禪竟然輕易的投降。孔明窮盡畢生心力扶植起來的蜀漢，也就宣告滅亡了。

放大鏡

※諡號 對國家有大功的人死後，為了表彰其生前的功勳、德行，由皇帝降下詔書，為死者立號改名。

諸葛亮

小檔案

181 年　　誕生於琅邪陽都。

189 年　　生母章氏去世。

192 年　　父親諸葛珪去世。

194 年　　叔父諸葛玄收養姐弟三人，長兄諸葛謹同繼母移居江東。

195 年　　諸葛玄擔任豫章太守，與姐弟隨叔父赴豫章就任。

197 年　　諸葛玄病故。與弟弟諸葛均移居南陽隆中。

199 年　　從師司馬徽。

207 年　　劉備三顧茅廬。為劉備陳說三分天下的計策，即著名的
　　　　　「隆中對」。答應劉備邀請，輔助劉備。

208 年　　說服孫權與劉備結盟，參與赤壁之戰獲勝。

221 年　　劉備登基為蜀漢皇帝。擔任丞相。

223 年	劉備白帝城託孤。劉禪繼位，加封諸葛亮為武鄉侯，領益州牧。
225 年	率軍親征南蠻，穩定南部四郡。
227 年	向後主劉禪呈交〈出師表〉進行北伐。
228 年	首次北伐，因街亭失守而功敗垂成。含淚斬馬謖，自貶為右將軍，仍行丞相事。
229 年	遣陳式攻武都、陰平，平二郡。
231 年	復出祁山，糧進退軍。
234 年	於北伐途中病逝於五丈原。

兒童文學叢書

每個孩子都是天生的詩人

您是不是常被孩子們千奇百怪的問題問得啞口無言？
是不是常因孩子們出奇不意的想法而啞然失笑？
而詩歌是最能貼近孩子們不規則的思考邏輯。

小詩人系列

 現代詩人專為孩子寫的詩

 豐富詩歌意象，激發想像力

 詩後小語，培養鑑賞能力

 釋放無限創造力，增進寫作能力

 親子共讀，促進親子互動

獻給孩子們的禮物

「世紀人物100」

訴說一百位中外人物的故事

是三民書局獻給孩子們最好的禮物！

◆ 不刻意美化、神化傳主，使「世紀人物」
   更易於親近。

◆ 嚴謹考證史實，傳遞最正確的資訊。

◆ 文字親切活潑，貼近孩子們的語言。

◆ 突破傳統的創作角度切入，讓孩子們認識
   不一樣的「世紀人物」。

兒童文學叢書

影響世界的人

在沒有主色，沒有英雄的年代

為孩子建立正確的方向

這是最佳的選擇

一套十二本，介紹十二位「影響世界的人」，看：

釋迦牟尼、耶穌、穆罕默德如何影響世界的信仰？

孔子、亞里斯多德、許懷哲如何影響世界的思想？

牛頓、居禮夫人、愛因斯坦如何影響世界的科學發展？

貝爾便利多少人對愛的傳遞？

孟德爾引起多少人對生命的解讀？

馬可波羅激發多少人對世界的探索？

三民網路書店 **會員**

獨享好康 大 放 送

書 種 最 齊 全
服 務 最 迅 速

超過百萬種繁、簡體書、外文書5折起

通關密碼：A4656

憑通關密碼

登入就送100元e-coupon。
(使用方式請參閱三民網路書店之公告)

生日快樂

生日當月送購書禮金200元。
(使用方式請參閱三民網路書店之公告)

好康多多

購書享3%～6%紅利積點。
消費滿350元超商取書免運費。
電子報通知優惠及新書訊息。

三民網路書店 www.sanmin.com.tw

國家圖書館出版品預行編目資料

草廬中的智謀家：諸葛亮／陳景聰著;李詩鵬繪.－－
初版六刷.－－臺北市：三民，2016
面；　公分.－－(兒童文學叢書／世紀人物100)

ISBN 978-957-14-4403-1　(平裝)

1.(三國)諸葛亮－傳記－通俗作品

782.823　　　　　　　　　　　　　94023874

© 　草廬中的智謀家：諸葛亮

著 作 人	陳景聰
主　　編	簡　宛
繪　　者	李詩鵬
發 行 人	劉振強
著作財產權人	三民書局股份有限公司
發 行 所	三民書局股份有限公司
	地址　臺北市復興北路386號
	電話　(02)25006600
	郵撥帳號　0009998-5
門 市 部	(復北店)臺北市復興北路386號
	(重南店)臺北市重慶南路一段61號
出版日期	初版一刷　2006年9月
	初版六刷　2016年7月
編　　號	S 781270

行政院新聞局登記證局版臺業字第○二○○號

有著作權・不准侵害

ISBN　978-957-14-4403-1　(平裝)

http://www.sanmin.com.tw 三民網路書店
※本書如有缺頁、破損或裝訂錯誤，請寄回本公司更換。